RESEARCH ON THE COLLABORAT
OF
"UNIVERSITY IDEOLOG
AND
POLITICAL EDUCATION

"大思政课"背景下 "高校思政 ＋ 社会实践" 协同育人研究

SOCIAL PRACTICE" UNDER THE
BACKGROUND
OF
" BIG IDEOLOGICAL
AND
POLITICAL EDUCATION"

山东省社会科学规划研究专项『大思政课格局下高校「思政＋实践」双螺旋协同育人机制研究』（22CSZJ07）

刘 震／尹中仪／陈 卓————

著

经济管理出版社
ECONOMY & MANAGEMENT PUBLISHING HOUSE

图书在版编目（CIP）数据

"大思政课"背景下"高校思政+社会实践"协同育
人研究 / 刘震，尹中仪，陈卓著. -- 北京：经济管理
出版社，2024. -- ISBN 978-7-5243-0107-3

Ⅰ. G641

中国国家版本馆 CIP 数据核字第 20259A3T92 号

组稿编辑：赵天宇
责任编辑：赵天宇
责任印制：许　艳
责任校对：王淑卿

出版发行：经济管理出版社
　　　　　（北京市海淀区北蜂窝 8 号中雅大厦 A 座 11 层　100038）
网　　　址：www. E-mp. com. cn
电　　　话：(010) 51915602
印　　　刷：唐山玺诚印务有限公司
经　　　销：新华书店
开　　　本：720mm×1000mm/16
印　　　张：12. 25
字　　　数：227 千字
版　　　次：2025 年 3 月第 1 版　　2025 年 3 月第 1 次印刷
书　　　号：ISBN 978-7-5243-0107-3
定　　　价：88. 00 元

目　录

绪　论

高校思想政治理论课（以下简称"高校思政课"）是在高校场域进行系统性思想政治教育课程讲授，落实党和国家立德树人教育方针的主渠道和主抓手，推进"大思政课"建设则是加强新时代高校思政课建设改革创新的重要支撑。2021 年，习近平总书记在看望参加全国政协十三届四次会议的医药卫生界、教育界委员时指出，"大思政课"我们要善用之。① 正式提出了"大思政课"的概念和要求，开启了新时期思政课建设改革的序幕。2022 年 7 月，教育部等十部门联合印发的《全面推进"大思政课"建设的工作方案》中，对"大思政课"建设的具体原则、目标要求和实施措施进行了一系列部署，为"大思政课"建设的持续优化改进提供指导思路。概言之，作为新时期思政课建设的"提升"与"扩容"，近年来"大思政课"建设理念的提出和实践探索，体现出党和国家立足新时代世情、国情、党情、民情对思政课建设规律认识的持续深化以及对思政课建设思路的持续优化，生动诠释了新时期思政课建设内涵式发展的理论内涵和实践形态。

"大思政课"一词相较于以往的"思政课"，从字面上来看主要体现在增添了一个"大"字，可以直接理解为"更大"的思政课，体现出新时期思政课建设所应具有的"规模大、平台大、范围大"等特征。相较于以往的思政课建设而言，"大思政课"建设的鲜明特征和核心要义在于运用社会资源对高校思政课进行系统性建构和优化整合，形成协同育人的合力，使高校思政课获得更加广阔的平台和资源支持。与此同时，"大思政课"建设理念的提出则是将思政课建设置于当今社会发展所蕴含的政治、经济、文化、科技等多方位、多领域的视野中，以探索其提升路径。以此为依据，"大思政课"具有鲜明的政策性导向和时代需求，作为党和国家对当前思政课建设的指导思路和机制措施，体现出党和国家对思政课建设本质规律和时代特征的深刻认识。

结合新时代、新征程、新使命，"大思政课"建设需要更大的平台和资源支持，从社会领域探索优化发展之路是拓展思政课教学领域，实现新时期提质增效的题中应有之义。社会领域作为高校思政课建设的落实和拓展的重点领域，为思政课建设的进一步发展和优化提供了广阔的空间。基于"大思政课"格局，将思政课建设的视野拓展到更加广阔的社会领域，有利于打破单纯以学校为主阵地

① 杜尚泽．"'大思政课'我们要善用之"（微镜头·习近平总书记两会"下团组"·两会现场观察）［N］．人民日报，2012-03-07（1）．

的思政课建设思路的诸多局限性。当前，党和国家对"大思政课"建设进行了一系列的总体制度设计和部署，不断注重对社会资源的挖掘和利用。结合长期思政课建设经验和新时期思政工作所面临的新形势和环境，党和国家深刻认识到实践教学的重要性。从党和国家关于思政课建设的制度政策可以看出，提出"大思政课"建设应注重校内理论课与社会实践教学的这一要求是对党和国家关于思政课建设总体思路的遵循，体现出党和国家关于思政课建设的总体原则和方针政策的一致性和延续性。从对党和国家关于思政课建设和改革的诸多政策文件的分析可知，作为思政课建设的时代性创新思路和在实践中抓"实效"的现实对策，"大思政课"的提出具有必然性，体现了政策的连贯性、系统性，也成为解决思政课建设重、难点问题的一种创新思路。因此，通过对党和国家高校思想政治教育与高校思政课教学方针政策的持续性解读和分析，我们可以清晰地发现，注重校内思政课与校外社会实践相结合的教学思路不断成为思政课创新发展的主要思路和现实抓手。

《全面推进"大思政课"建设的工作方案》指出，当前思政课建设在理论与实践教学结合的环节上仍然存在"开门办思政课、调动各种社会资源的意识和能力还不够强""对实践教学重视不够，有的课堂教学与现实结合不紧密""第二课堂重活动轻引领"等问题。为了解决以上问题，依托"大思政课"的工作格局，可以从国家、社会、学校协同合作的整体视角，建立"高校思政"和"社会实践"协同育人的目标和机制，寻找打破思政课校内和校外领域之间教育协作壁垒的机制和措施，从而构建新时代高校思政课实践育人的教育共同体，完善高校思政课社会实践教学的常态化、制度化的科学机制。与此同时，"大思政课"建设能够将实践教学的内容和资源有机融入高校思想政治教育和高校思政课教学的全过程当中，使思政课成为真正意义上的"行走课堂"。随着《全面推进"大思政课"建设的工作方案》《"大思政课"实践教学基地名单的通知》等文件的颁布，党和国家对"大思政课"建设的知识体系、课程群、教材体系、实践教学资源、网络平台资源等方面做出了工作部署，并强调以社会和学校为主要责任主体，重点加强两者之间的相互合作和协同创新，有效衔接各类相关教育资源，形成整体协同的有机教育网络，在此基础上建立周期性与长期性相统一的大思政教育格局。"大思政课"的活动场域涵盖学校、社会、网络空间等，从内容上将中华文明五千年历史，尤其是中国共产党建党以来的历史融入"大思政课"建设，赋予思政课建设深度和跨度的时间大跨度，有效运用社会、政府、家庭的多种人力、物力的教育资源，形成大格局、一盘大棋的教育思路，同时体现了国家将思政课建设融入日常生活，整合国家民族和社会各领域的力量来进行思政课建设的总体思路，使"大思政课"建设成为新时期培育时代新人的重要现实路径。因此，"大思政课"建设体现了党和国家从战略格局和宏观视野上对思政课建设进行系统性改革的创新思路，具有综合性和整体性的特征，需要积极调动最广泛的育人元素，打通课内课外、校内校外的教育壁垒，丰富思政课教学形态，在全社会范围内建立协同育人的共同责任，形成学校和社会系统互嵌共融的大协同格局，从体制上、机制上擘画新时代"大思政课"的育人图景。

当前，学界对"大思政课"的研究成果颇为丰硕，但总体而言多聚焦于概念、特征、功能等基本要素的分析，或聚焦于具体领域和问题的单一视角诠释，鲜有从整体性的角度来进行系统机制性研究，尤其是缺少从校内与校外协同育人的角度来探究"高校思政"和"社会实践"协同育人的机制和路径的研究，使以社会实践教学为支撑的社会教学资源无法在政策制度和具体实施策略上很好地融入"大思政课"的整体系统中。从"大思政课"协同育人的角度而言，当前相关的研究尚未形成整体且完备的理论解释体系，在协同育人的思路与原则、系统与要素、理论与实践、部门和整体、功能与方法等方面仍然存在研究的薄弱环节，需要重点把握思政课建设和发展的规律，重新审视"大思政课"的本质意蕴和根本指向，从实现校内和校外思政资源有机融入与融合的角度，构建科学合理的协同育人机制，解决高校思政长期存在的不协同、不落地的问题。这有利于破解思政课教学长期存在的理论与实践不统一的难题，针对时代发展中出现的新形势、新问题，将社会发展关键领域相关的思政要素、内容有效融入思政课建设当中，为"开门办思政课"，优化思政课建设的社会环境、社会生态，实现思政课建设的全面深化改革提供依据。

第一节　研究背景和研究价值

（一）研究背景

作为党和国家关于思政课建设的新理念和新要求，"大思政课"的提出有其特定的社会背景和现实指向，建设"大思政课"成为贯彻落实习近平总书记关于思想政治理论课建设要求的重要举措，回应了长期存在的高校思想政治教育和社会生活实践之间脱节的问题。党的十八大以来，习近平总书记十分重视思政课建设，曾在多个场合提出思政小课堂同社会大课堂结合起来①的要求，内含着"大思政课"建设内在的思路和理念。2021年，习近平总书记在看望参加全国政协十三届四次会议的医药卫生界、教育界委员时指出，"'大思政课'我们要善用之，一定要跟现实结合起来"，② 为"大思政课"的建设提出了思路引领和根本遵循。由此，也为新时期思政课建设的政策制定和工作开展提供依据和原则。在这之后，党和国家制定和发布了一系列文件，关注思政课教学与社会实践的有效结合。2022年，习近平在中国人民大学考察时强调，鼓励高校积极开展与中小学思政课共建，共同推动大中小学思政课一体化建设，③ 从打通学校各学段知识结构的角度对"大思政课"的教育任务进行了贯通与拓展。与此同时，近年来党和国家高度重视思政课建设，出台了一系列关于马克思主义学院和思政课建设的政策文件，并对"大思政课"的内涵、价值、目标等问题进行解释和指导。

2022年，教育部等十部门印发了《全面推进"大思政课"建设的工作方案》，从精神实质、政策导向层面对"大思政课"建设的总体要求、领域范围、师资队伍、平台资源等方面进行了具体的规定，更加有利于发挥高校思想政治教育的重要作用，明确马克思主义学院在上好思政课、提升思想政治理论课有效性方面的重要责任和使命。此外，中共中央、国务院印发的《新时代爱国主义教育实施纲要》中要求"丰富拓展爱国主义教育校外实践领域"。在这里，爱国主义教育从属于思想政治教育的内容范畴，将理论内容的讲授与社会实践进行有效的融入和结合，能够更好地发挥爱国主义的功能属性，实现思想政治教育立体化、全景化的育人目标。不仅如此，党和国家有关职能部门还在相关文件的制定中从实施环节、基础平台、育人机制等方面就社会实践教学的开展提出要求和部署。比如在《关于加强和改进新形势下高校思想政治工作的意见》中提出，要"强化社会实践育人，提高实践教学比重""加强实践教学基地建设"。除此之外，教育部等八部门发布的《关于加快构建高校思想政治工作体系的意见》中提出，

---

① 习近平主持召开学校思想政治理论课教师座谈会强调：用新时代中国特色社会主义思想铸魂育人 贯彻党的教育方针落实立德树人根本任务［N］.人民日报，2019-03-19（1）.

② 杜尚泽.'大思政课'我们要善用之"（微镜头·习近平总书记两会"下团组"·两会现场观察）［N］.人民日报，2021-03-07（1）.

③ 习近平在中国人民大学考察时强调坚持党的领导传承红色基因扎根中国大地　走出一条建设中国特色世界一流大学新路［N］.人民日报，2022-04-26（1）.

要"把立德树人融入思想社会实践教育各环节""创办形式多样的'行走课堂'",推动构建政府、社会、学校协同联动的"实践育人共同体"的要求。以上这些政策文件的要求和措施都为加强思政课理论教学与社会资源融合,完善思政课社会实践教学提供组织保障。

当前党和国家关于"大思政课"建设的理念和思路已经逐步深化,学界也从多个方面对"大思政课"开展了较为深入的研究,但总体而言仍然缺少较为系统的机制性研究,即"大思政课"协同育人格局尚未完全形成,"大思政课"协同育人主体尚未广泛调动、资源尚未有效挖掘整合、机制尚未普遍建立①。针对"大思政课"的系统性和全面性,高校思政课建设本身无法独立完成相关的使命,社会实践这一维度是"大思政课"建设不可或缺的一个重要内容,如果社会实践教学的同等功效得不到关注和细致的研究,"大思政课"建设的效果将无法全面实现。"大思政课"建设要将党和国家最新理论、最新经验、最新成果纳入课堂教学和实践体系中,在社会实践中贯彻理论,增强理论对于现实社会的解释力、预测性和指导性。在要素层面寻找高校与社会的相融点和契合点,建立高校与社会的互动合作机制,聚合不同部门、不同单位、不同领域营造思政课立德树人整体效应。共同建构"大思政课"建设的基本体系,形成思政课一体化的社会—学校协同育人的方案。与此同时,根据当前社会网络科技发展的前沿趋势,要注重网络空间和新技术维度的"大思政课"建设,在教学内容、技术手段、主体素养、教育环境等方面进行有针对性的科学化、体系化探索,从而拓展"大思政课"的时空界限与内容体系。

为此,本书在"大思政课"建设的背景下,聚焦于高校思政和社会实践协同育人的相关议题,加深高校思政课理论教学与社会实践教学有效衔接的规范性和制度化,探讨出一条消解校内思政教育和校外社会实践教学之间的隔阂的实践路径,同时立足高校"大思政"的大格局、大平台、大师资的现实基础和条件,探究高校思政与社会实践协同育人的策略和机制。

(二)研究价值

1. 理论价值

第一,有利于促进中国自主知识体系的创新研究。问题导向是理论研究的生

---

① 蓝波涛,覃杨杨. 构建大思政课协同育人格局:价值、问题与对策 [J]. 教学与研究,2022(2):92-100.

命力所在，也是实践创新的永恒主题。"大思政课"建设扎根于中国式现代化的具体国情，中国特色哲学社会科学承载着"大思政课"理论研究的创新使命，是用中国理论解决中国问题的逻辑彰显。"大思政课"建设的理论知识体系是中国特色哲学社会科学的重要组成部分。与国外的通识教育、公民教育等课程相比，"大思政课"是符合中国国情的思政教育课程，是结合当前中国社会发展的大形势，对传统思想政治教育守正创新、与时俱进实施策略的体现，内含着构建中国自主知识体系的方法论原则。因此，本书聚焦于"大思政课"建设这一时代课题和学术研究热点，从探索思政课建设与社会发展现实的关系入手，将新时代思政课建设有机融入中国式现代化建设的宏观布局中，用关注现实的理论去认识和解释社会发展的现实问题，以探索具有中国特色的思政课建设的理论体系，丰富中国式现代化知识理论体系的建构，以及中国自主知识体系的发展和创新。

第二，有利于加强高校思政协同育人理论研究。"大思政课"建设内含着将学校的课堂与社会课堂相统一的内在诉求。其中，社会实践是高校思政课育人的重要组成部分，也是实现立德树人，打破教学理论与实践的壁垒的重要路径。把握思政课的规律，需要将"大思政课"建设看作具有开放性、融合性、动态性的系统，在学校资源和社会资源相互结合、相互作用的过程中进行系统作用。"大思政课"建设内含着系统观念的关照。系统观念是党的二十大报告提出的指导我国各项事业的方法论，也是"大思政课"建设的重要理论基础。从系统观念的角度看待思政课建设，需要考虑的是在大平台、大空间、大队伍相统一的时空背景下，更好地促进各种有利资源相互契合、相互作用、协同合作。

第三，有利于扩展思想政治教育研究的新视野。充分感觉挖掘与社会实践有关的时政和历史资源，从更广阔的视野讨论新时代高校思想政治教育的论域，以大历史观、大文化观、大社会观的理念挖掘高校思政课与社会相衔接的可能性空间。从而有利于充分挖掘一切可以利用资源素材，拓宽受教育者的学习视野，培养其结合社会生活，参与实践教学的兴趣，避免传统课堂理论育人的狭隘化和偏离化；在横向连接和纵向贯通各学段的理论和实践体系，运用过程性、全局性、辩证性思维不断探索和挖掘可以借鉴的思想政治教育资源。

2. 应用价值

第一，有利于提升高校思想政治教育治理的系统性。优化实践教学是实现高校思想政治教育治理的重要内容，因其丰富的体验性和真实参与感而受到大学生的欢迎。从思想政治教育系统性的角度将高校思政的小课堂和社会大课堂进行有机结合，能够给思想政治教育提供更加丰富的资源、空间，使学生在更加生动地体验和感悟中将所学的知识入脑入心，从而增强对党和国家思想政治教育理念的认同，客观上提升高校思想政治教育的整体治理效能。

第二，有利于丰富高校思想政治教育的资源和形式。对社会资源的充分挖掘与利用，能够突破传统思政课育人工作在载体、方式方面的客观局限性，厘清社会和学校有效衔接的运行逻辑和资源机制，有利于最大范围地提取社会资源和思想文化中的思想政治教育优质因素，进一步实现教育资源的优质共享，实现思政课资源在实践领域的合理分配和有序流动。

第三，有利于激发全社会思想政治教育协同育人的潜能。注重对"大思政课"背景下社会领域蕴含着的思想政治教育要素的研究和挖掘，有利于更好地探索社会实践教学资源融入思政课建设的机理和路径，合理利用资源，发挥协同育人的潜能；有利于进一步挖掘社会和学校、社会多部门主体之间思想政治教育协同育人的潜能，创新活动形式，深化教育实践，满足社会发展新形势下党和国家对思政课的功能和属性的定位和要求。

第二节　文献综述

本书以"大思政课"建设为背景，探讨校内教学资源与校外实践资源的合理分配利用，进一步探讨思政课实践相结合的协同育人机制。总体而言，学界关于此问题的相关研究，主要聚焦于"大思政课""高校社会实践教学""高校协同育人机制"几个方面。对已有研究的梳理，有助于为本书的撰写提供理论基础和现实启示。

（一）国内研究

1. "大思政课"的研究

"大思政课"建设体现出党和国家进行思政课建设的新要求，顺应了新时代国家和社会对思政课改革创新的需求，也得到了学界的广泛关注。当前，学者们从多个方面对"大思政课"进行了研究，不仅对其概念、特征、内涵等基本问题进行了研究，而且聚焦现实，以"大思政课"建设存在的主要问题和成因分析为落脚点，据此提出"大思政课"优化的路径和机制。

一是关于"大思政课"的内涵和特征。对"'大思政课'是什么"的认识是对相关问题进行研究的起点，学者们从多个角度对"大思政课"的内涵开展了分析研究，具体可以归纳为"理念说""生态说""结构说""要素说"等几个方面。"理念说"将"大思政课"看作是"一种新的教学理念"，重点在于具有"全面的、系统的"视角①。"生态说"从语义学的角度对"大思政课"中"大"的特征进行了分析，并从系统生态的角度将"大思政课"看作是"一种新的课堂生态"②。除此之外，杨威等学者则认为"大思政课"是对思政课"时空维度上的拓展延伸"，而且是"要素及其结构方式优化"。③ 相较于以往以校内思政课理论、具体化、规范化的教学系统安排，有学者认为，"大思政课"充分发挥传统教材和课堂以外的资源与方式，构成思政课的课程要素④。从特征上讲，有学者认为"大思政课"中的"大"体现在空间、时间、实效等方面⑤，强化了思政课全时空全过程的育人本质属性，体现了学校小课堂与社会大课堂的深度互动⑥，以教学空间与社会空间的有机衔接为显著特征⑦，从而有利于满足教育高质量发展的国家战略安排⑧。

二是关于"大思政课"的内容和形式。"大思政课"赋予思政课更加丰富的素材和更加深刻的历史底蕴，从横向和纵向的角度拓宽思政课的内容。有学者指出，"大思政课"不仅有重大历史事件、生动的实践案例、鲜活现实生活素材、历史文化传统挖掘、学术资源深层拓展等教育内容，还有英雄模范人物、行业卓

① 谭志敏，张齐学．新时代"大思政课"建设的系统审视［J］．华南师范大学学报（社会科学版），2023（6）：157-165+208.

② 李蕉，周君仪．"大思政课"视域下对建设高质量课堂的思考［J］．思想理论教育，2022（7）：79-84.

③ 杨威，田祥茂．"大思政课"的形态学考察［J］．思想理论教育，2022（4）：12-18.

④ 高国希．试论关于"大思政课"的几对范畴关系［J］．马克思主义理论学科研究，2021，7（10）：104-112.

⑤ 雷洪峰，靳斯琪．核心要义、育人理路、实践进路："大思政课"基本问题探析［J］．思想教育研究，2023（7）：86-90.

⑥ 曾令辉，卜路平．推进"大思政课"建设的几个基本理论问题［J］．思想理论教育导刊，2023（10）：87-94.

⑦ 康丹丹，温小平．"大思政课"建设背景下思想政治教育空间变革与优化［J］．黑龙江高教研究，2023，41（11）：114-119.

⑧ 邹华．"大思政课"建构：价值意蕴·基本原则·创新路径［J］．吉首大学学报（社会科学版），2023，44（6）：137-143.

越人士（包括领导干部）现身说法，或拓展课堂、实践服务等教育方式①。王习胜等（2024）认为，"大思政课"建设具有内涵式的逻辑分层，内容上实现了"生活观""政治观""人生价值观"的统一，具有内在的逻辑递进关系，即以"积极的生活观的引导为切入点、以正确的政治观的培育为着力点、以科学的人生价值观为落脚点"②。因此，学界认为，由于内涵和理念的创新以及资源和平台的支持，"大思政课"在思政课建设原有的基础上实现了内容和形式的整合与扩充，有利于结合时代发展形势，激活和挖掘立德树人的潜在要素。

三是关于"大思政课"建设面临的问题。"大思政课"建设思路提出的时间不长，学界在对其分析研判的过程中也指出其存在的问题和亟须改进之处。有学者从"合""力""建"三个方面指出"大思政课"建设在合力、动力等方面存在的问题③。在"大思政课"资源整合和利用方面，存在机制不够健全、评价不够科学等问题④。从技术层面，"大思政课"的建设存在认知模糊与认知曲解、信息孤岛与数据管理、数字依赖与技术应用的问题，而技术与价值引领张力又使赋能过程面临诸多现实梗阻⑤。从教育资源的角度来看，存在资源挖掘整合不够充分、资源有效衔接转化的机制不够健全、资源应用效果评价不够科学等问题⑥。

四是关于"大思政课"建设的路径。关于"大思政课"具体的落实路径，有学者认为应紧紧围绕把立德树人的根本任务贯穿在教育教学的全过程，实行全员育人、全程育人和全方位育人⑦，倡导构筑多元主体共同参与的协同育人新格局⑧。通过理论与实践相结合、体验与活动的融合、专职与兼职的联合为课堂育

① 高国希．试论关于"大思政课"的几对范畴关系［J］．马克思主义理论学科研究，2021，7（10）：104-112.

② 王习胜，华银峰．"大思政课"建设的核心旨趣、层级延展与效果期待［J］．思想理论教育，2024（5）：75-80.

③ 吴俣，陈庆庆．"大思政课"视域家校社合力育人的价值与困境纾解［J］．中学政治教学参考，2023（36）：21-24.

④⑥ 焦光源．"大思政课"资源平台建设略探［J］．学校党建与思想教育，2023（18）：52-54.

⑤ 刘星焕，何玉芳．以数字化赋能"大思政课"建设的内在机理、现实梗阻及实践路径［J］．理论导刊，2023（10）：104-108.

⑦ 楚国清，王勇．"大思政课"格局下统筹思政课程与课程思政协同育人的蝴蝶结模式［J］．北京联合大学学报（人文社会科学版），2022，20（3）：10-15.

⑧ 朱旭．"大思政课"理念：核心要义、时代价值与实践路径［J］．马克思主义理论学科研究，2021，7（5）：107-114.

人、实践育人、协同育人赋能①。有学者指出，用好社会大课堂，在时间维度、空间维度和组织维度上协同发力②，通过涵养数字化意识、促进数字化转换、善用数字化工具、借助数字通信系统、依托数字孪生技术五大路径，打造数字教育新样态③。通过公共空间提供实践场域，通过异质性促进交往行为，通过共同性提升身份认同，开拓实践教学格局④。基于此，有学者强调了"大思政课"贯彻建设的重点，即"用好社会大课堂"，强调了以社会实践教学为抓手增强思政课建设的思想性和专业性，实现"大思政课"的以"大"促"强"⑤。

2. 高校思政课实践教学的研究

将实践教学融入高校思政课教学体系，注重受教育者在实践教学中的参与体验和真实感悟是党和国家思政课建设的重要原则。基于此，有学者认为，当前高校所进行的实践育人活动，其鲜明特点是遵循整体规划和协同效应两大逻辑，通过深化改革创新破解不平衡、不充分等突出问题，实现新时代高校思政课质量的全面提升⑥。有学者对标高校实践教学，要求规范德育活动实施方案，认为应借助于德育活动贯通德育场域，实现家庭、学校、社会三位一体协同育人，并将德育活动评价作为学校教育评价体系的组成部分，明确评价方式与具体指标⑦。另外，有学者从主体协同、内容协同、课程协同、方法协同、载体协同等方面观照思政课教学协同创新的推进重点⑧。当前，实践协同则成为统筹课程思政与思政课程育人的新举措和新方向⑨。因此，在"大思政课"背景下重新审视高校思政课实践教学，建立融合式实践教学的新形式，实现思政课知识

① 徐蓉，周璇. 师资联动：构建"大思政课"育人格局 [J]. 思想理论教育，2022（4）：25-30.

② 孙秀玲，郭倩倩. 论"大思政课"视域下"思政小课堂"与"社会大课堂"的有效衔接 [J]. 教学与研究，2023（9）：113-120.

③ 彭庆红. 数字化推动"大思政课"建设的依据、原则与路径 [J]. 思想理论教育导刊，2023（11）：96-104.

④ 曹清燕，王璞. 基于公共空间的"大思政课"实践教学探析 [J]. 思想理论教育，2023（8）：68-73.

⑤ 雷洪峰，靳斯琪. 核心要义、育人理路、实践进路："大思政课"基本问题探析 [J]. 思想教育研究，2023（7）：86-90.

⑥ 陆晓娇. 整体规划与协同效应：新时代学校思政课改革创新的内在逻辑 [J]. 中国青年社会科学，2019，38（6）：73-78.

⑦ 张凤池. 学校德育活动与思政课的协同创新研究 [J]. 中国高等教育，2020（17）：12-14.

⑧ 王学俭，李东坡，李晓莉. 新时代高校思政课教学协同创新的内涵、重点与对策 [J]. 兰州大学学报（社会科学版），2022，50（1）：87-97.

⑨ 楚国清，王勇. "大思政课"格局下统筹思政课程与课程思政协同育人的蝴蝶结模式 [J]. 北京联合大学学报（人文社会科学版），2022，20（3）：10-15.

理念在理论与实践领域中的动态流动，是高校思政课思政实践教学的根本遵循原则。

3. 高校思政协同育人的机制研究

高校协同育人的机制构建是提升高校思政建设有效性，解决诸多碎片化问题的系统性科学对策。近年来，学界关于高校思政协同机制的研究逐渐增多，学界从不同层面对其相关问题进行归纳和开展讨论。有学者指出，从本质上讲，基于思政课教师与辅导员合作共享基础上的协同联动是实现协同育人的动力源泉，基于思政课教师与辅导员服务学生成长成才需求基础上的德育共同体是实现协同育人的内在本质①。应从夯实协同育人素养基础、优化协同育人运行调节、健全协同育人评估激励体制三个方面入手②。重点在于，要注重并充分发挥思政课程和课程思政在课程内容与教学方法上的差异性和多样性，不能陷入"将课程思政与思政课程等同起来"的误区③。当前问题在于协同要求落实不够、制度协同有待完善、合作共建存在难度、协同效能需要提升等现实问题，需要通过加强顶层设计以做好统筹规划，改进制度安排以完善制度体系，搭建合作平台以促进协同联动，强化实践导向，以优化评估机制等策略加以推进，更好地发挥"大思政课"的育人作用④。因此，应以协同思维为指导，把课内与课外、校内与校外、理论与实践的一切育人主体广泛调动起来，将育人资源有效整合起来，将育人机制普遍建立起来，形成"大思政课"协同育人格局，发挥合力育人的最大效应⑤。与此同时，要激活高校内部资源，强化"大思政课"的内容协同、课程协同、管理协同、评价协同等多渠道、多要素、系统性协同⑥。

（二）国外研究

从国外的研究视域来看，虽然我们不能直接找到与"思政课"和"大思政课"具有相同概念内涵、课程设置和实践名称的课程作为研究主题，但可以从公

① 胡绪明. 高校思政课教师与辅导员协同育人的功能定位及实施对策 [J]. 学术论坛，2018，41（4）：174-180.

② 侯振中. 高校思政教育协同育人机制的建构 [J]. 人民论坛，2020（33）：72-74.

③ 韩喜平，肖杨. 课程思政与思政课程协同育人的"能"与"不能" [J]. 思想理论教育导刊，2021（4）：131-134.

④ 石书臣，韩笑. "大思政课"协同机制建设：问题与策略 [J]. 思想理论教育，2022（6）：71-76.

⑤ 蓝波涛，覃杨杨. 构建大思政课协同育人格局：价值、问题与对策 [J]. 教学与研究，2022（2）：92-100.

⑥ 陶好飞，杨熙. 高校"大思政课"协同育人的策略优化 [J]. 思想理论教育导刊，2023（6）：136-141.

民教育、道德教育等课程中发现具有相同意识形态属性，以及同样具有立德树人、实践育人、协同育人功能的课程来进行研究。

1. 国外实践育人研究

国外实践育人与国内实践育人具有内在一致性。基于政治社会化的角度，有学者认为公民教育在实践中通过政治社会化的过程，使受众形成"公民意识"，将"好公民"的标准当作形成公民意识的标准，具有服务国家和爱国忠诚的精神品质。基于社会实践的角度，国外公民教育和道德教育十分注重社会体验和社会实践，大量的学生社团组织为学生提供社交实践，比如倡导游学、选举等活动开阔了学生的眼界。基于社会行动模式理论，有学者认为，在教育活动中教育工作者如果不能引导受教育对象把自己学习到的道德教育内容转化为实践，那么教学活动就会变得毫无意义。也有学者认为教育能够在学校课程中整合和实现多种价值，主要是依靠实践活动、经验、思想和反思实现的。此外，有学者认为从根本上讲，实践育人应该被理解为一种学习知识和利用知识的动态过程。在这个过程中，学生和教师都认识到自己是知识创造的主体。此外，该学者还认为要通过学生、社会人士、教师和学者之间的协同合作来进行实践教学研究，将各种知识资源共同融入学生参与式的生活课程中，帮助学生解决社会生活的结构性问题。

2. 国外协同育人研究

总体而言，国外公民教育注重多种学科、专业、课程之间相互渗透，以家庭、学校、社区为载体进行相互协同补充。很多学校在进行教育实验的时候，很早就将协同教育的思想融入其中，并积极利用共享平台的资源。有学者认为，品格教育、道德发展和心理健康教育具有内在的密切关系，需要协同发展，必须强调协同实践在公民道德教育方法中的重要性。同时，国外思想政治教育协同育人研究重视育人主体的相互配合和育人内容的有效整合，主张政府大力扶持协同教育，形成以学校为中心，企业、科研机构等围绕周围的"同心圆"，让公民对公共理性产生尊重。有学者从公民道德教育的目的出发，指出了通过课程、教科书等官方文件和政治话语传达的协同育人的重要意义，主张将传授法、灌输法和启发法等多种方法运用到协同育人的全过程中。有学者指出，为应对经济不稳定、人工智能发展问题等全球性挑战，高等教育系统应与整个社会网络建立合作伙伴关系，通过跨部门协作实现可持续发展的教育目标。

（三）研究评述

从上述研究可以看出，当前学界已经就相关问题进行了研究，产出了一系列研究成果，但没有充分对"大思政课"背景下"校内思政"与"社会思政"有机结合的协同育人相近问题，以及"'课程思政'与'思政课程'协同育人"问题进行持续性、系统性的研究，产出的学术成果在系统性、深入性方面仍显不足，导致该领域研究深度和广度有待加强。此外，国内外学界对于"思政教育""实践育人"各自的必要性及其概述有不少的探讨，但从协同育人角度对校外"社会实践"与校内"思政课程"协同育人研究还存在不足；尤其是缺乏对校内"思政教育"与校外"社会实践"在教师、教材、教法、外部协同机制、评价体系、平台载体等方面的研究，导致思政课的理论教学和社会实践脱节，存在"表层化""机械化"的问题，难以形成良性互动的协同育人氛围。为此，本书聚焦"社会实践"与"思政课程"的辩证协同育人关系，探讨"社会实践"与"思政课程"的双螺旋协同育人机制，以整体性、协同性的方式策略推进"大思政课"建设机制的有序建构及协同育人实践工作的有效"落地"。

第三节　研究思路

本书依据"提出问题—分析问题—解决问题"的研究思路，聚焦于新时期思政课建设"破局""立新""升级"。聚焦新时代"大思政课"建设改革创新的时代背景、育人要求、结构形态，以实现高校思政课理论教学与社会实践教学在目标、理念、内容、方式等方面系统性、结构性融合为导向，在统筹好学校教学资源和社会教学资源有效整合互补的基础上，尝试探索"大思政课"格局下"高校思政"与"社会实践"协同育人的创新机制和路径，以彰显党和国家理论铸魂育人的大视野、大情怀，增强新时代思政课建设的切实性和有效性。首先，阐明"大思政课"的出场语境和内涵特征，分析"大思政课"校内与校外两个重要场域的功能和特征，揭示两者之间相互协同作用的要素和机理，与此同时系统梳理"大思政课"发展的历史脉络，总结"大思政课"建设的基本经验，把握"大思政课"建设的内在规律。其次，聚焦现实问题，对"大思政课"背景下学校与社会思政课教学协同育人存在问题和原因进行分析审视，结合新时代"大思政课"内涵式发展道路的目标要求，聚焦核心主题，从协同治理、教育共同体建设的总体思路为思政课建设启智增慧、提质增效。最后，在对现有问题进行分析和研判的基础上，对"大思政课"背景下高校思政课与社会实践教学协同育人的原则、机制、路径等问题进行进一步探索。

第一章

"大思政课"格局下"高校思政+社会实践"协同育人的相关概述

对于"大思政课"格局下"高校思政+社会实践"协同育人这一论题的研讨，必然绕不开对于其中所牵涉的基本问题，特别是基本概念的阐释与理解。基于此，应当深度探究"大思政课"的登场语境、内涵特点、实现场域等问题，并在此前提之下，对"大思政课"格局中"高校思政"与"社会实践"协同育人的内涵及机理予以分析和掌控。

第一节 "大思政课"

作为当前高校思政与社会实践协同育人的现实依据和政策遵循，"大思政课"建设的理念思路改变了传统思政课理论灌输的教育理念和教育者主导的教育方式，更加注重社会系统在思政课教学系统中发挥的重要作用，突出社会实践教学与校内思政课建设协同合作的整体效应。作为思政课建设的新理念和新思路，"大思政课"具有更加宽广的视野和格局，呈现出思政课作为立德树人课程建设所具有的新活力和新样态，为高校思政和社会实践协同育人提供背景和依据。因此，有必要对"大思政课"的出场语境、内涵特征、主要场域等基本问题进行系统性、整体性分析，为当前"大思政课"建设提供全景式的研究参照，使"高校思政"和"社会实践"协同育人研究的开展更加具有针对性和系统性。

一、"大思政课"的出场语境

"大思政课"的出场，有其特定的现实背景与政策遵循。作为思政课建设的最新理念和内容形式，"大思政课"建设彰显了新时代高校意识形态主阵地建设的中国模式和方案，体现出我国思政课建设方式不断多元化、空间不断拓展，资源不断优化，内容走深走实的价值诉求和时代特征，是对党的思想政治教育工作的历史发展规律和优良基因的挖掘以及结合时代的运用，也是有针对性地回应当前社会发展中思想道德和意识形态领域所出现的诸多问题的有力支撑。面对人工智能科学、生物技术的发展和社会经济、文化领域所出现的新的发展形势，当前思政课面临着系统性问题，将人和社会环境（包括人文社会环境、自然社会环境）的关系纳入思政课系统性建设中来考量。正如习近平总书记所指出的，从教育大国到教育强国是一个系统性跃升和质变，必须以改革创新为动力。① 在当下加速推进教育强国建设的战略布局中，高校思政课的改革创新需要凭借系统性的视角去剖析社会发展态势与教育环境，达成高校思想政治教育质量的全方位提升。因此，"大思政课"的亮相，彰显了党和国家长久秉持的思想政治教育的系统性理念，把思政课建设置于学校、社会以及人之间的整体性关联和综合性环境当中加以审视。人和自然的关系是通过人和人的关系相互作用实现的，"大思政课"建设就是从人的教育的角度构建整体性、全息式的社会网络环境，重新看待人与人、教育与社会，以及"大思政课"与社会环境、人文自然的关系。正如马克思认为的，"共产主义是人的实现了的自然主义和自然界的实现了的人道主义"②。"大思政课"所附带的教育属性的人文关怀，使其更加注重思政课与现实世界的整体性、系统性联系，赋予思想政治教育更具包容性地对教学资源的发现和获取能力，通过社会资源、人文自然的综合赋能为思政课建设发挥更多的潜力。从校内思政课与社会大课堂之间内在关系的角度来讲，"大思政课"充分发挥社会大课堂的教育潜能，即"社会是人同自然界的完成了的本质的统一"。③ 因此，"大思政课"将学校理论教学与社会实践教育视作实现方式，遵循思政课建设与发展的规律，着重凸显思政课实践教学所具有的主渠道功能属性，有益于构建达成促进人的全面发展目标的关键路径。总体而言，作为党和国家思政课建设的系统性理念和综合性创新举措，"大思政课"的提出，有其特定的历史渊源和时代机遇。

（一）思政课社会实践教学的历史发展沿革

从党和国家思政课建设的发展历程审视，实践教学在整个课程体系中始终占据关键地位。伴随时代的演进，其对于学生洞悉社会、开展调查研究以及运用理论知识化解现实问题等方面能力的培育所具备的核心价值越发显著，这为"大思政课"社会实践教学的开展提供了充裕的实践经验及深厚的知识滋养。开设伊始，党和国家就依据思政课的教学规律与功能属性，开始关注思政课社会实践教学的相关价值与作用，并在此基础上持续对社会实践教学的相关要求与内容予以部署。作为大学生在校学习思想道德知识的重要课程形态，以及高校开展思想政治教育的核心环节，高校思政课肩负着宣传党的路线方针政策，传播正确的思想

---

① 习近平. 加快建设教育强国为中华民族伟大复兴提供有力支撑［N］. 人民日报，2023-05-30（1）.
② 马克思恩格斯文集（第1卷）［M］. 北京：人民出版社，2009：187.
③ 马克思恩格斯文集（第1卷）［M］. 北京：人民出版社，2009：499.

观念和主流价值观，树立党和国家在青年群体中的良好形象；通过建立合理的课堂组织管理和课程评价制度，有力引导大学生成为社会主义现代化的建设者和接班人。回溯中华人民共和国成立以来思政课建设的历史进程，能够归纳出不同时期思政课建设的鲜明时代特质。"大思政课"建设彰显出党和国家建设思政课的本质诉求与历史经验的凝练，意在从知识层面破除思政课与专业课之间的藩篱，优化各教育要素的资源配置，发挥教育主体与教育环境、教育对象协同育人的融合性与机制性。"大思政课"建设是党在实践中持续探索思政课建设经验的延续及最新成果。此前，党和国家推进思政课建设历经了三个历史阶段，为"大思政课"建设提供了历史底蕴与经验参照。

一是中华人民共和国成立初期的关于思政课体系建立的基本理念和课程设置。1949 年以来，为了适应国家破旧立新，创立和发展的时代需求，党和国家对教育事业进行了一系列改革和调整，其中包括对政治课程的设置，以及对政治课程性质的正本清源。党和国家通过对课程内容的设置，注重在政治课程的讲授中凸显新民主主义革命的伟大意义。为此，教育部开设了四门基础政治课，以讲授世界观和方法论为主题的名为"辩证唯物主义与历史唯物主义"的哲学基础课；以讲授中国革命的发生、发展、胜利的历史过程的课程，即"中国革命史"；另外，还有"政治经济学"和"马列主义基础"两门基础课。以上四门课，都是我国思政课体系设立的基本雏形，从哲学、历史、经济、政治四个方面建立了思政课课程体系。

二是"两课"建设时期思政课课程化和学科化的建立和发展。党的十一届三中全会召开以来，标志着思政课建设处于新起点，对思政元素融入思政课的相关办法，以及实践教学的开设意义、课程安排进行规划和部署。在 1980 年颁布的《改进和加强高等学校马列主义课的试行办法》中，教育部将社会调查等形式的教学实践活动纳入思政课建设中，作为课堂学习和自主学习的补充。[①] 1984年教育部进一步对思政课实践教学的相关要求和方式作出安排和部署，一方面，强调"自习、课堂讨论、辅导、阅读马列和毛泽东著作"的重要性；另一方面，强调实践教学在教学工作所应发挥的作用，即"围绕教学内容，适当地组织学生

---

① 教育部社会科学司.普通高校思想政治理论课文献选编（1949-2008）[M].北京：中国人民大学出版社，2008：87-88.

参加社会活动和进行社会调查"①。1985年中共中央颁布了《关于改革学校思想品德和政治理论课程教学的通知》，将思想道德教育领域的内容和要求纳入思想政治理论课体系中，在课程内容上将"道德"与"政治"进行有机结合，突出了道德教育作为思想教育重要组成部分的价值和特征，丰富和完善了思政课的内容体系。

三是"思想政治理论课"建设时期对整体性和协同机制的探索。21世纪以来，党和国家高度重视思政课在高校进行思想宣传教育的关键课程和主渠道作用，为持续进行推进铸魂育人的内涵式发展，优化思政课体系的设置进行了改革创新。2005年，中共中央宣传部、教育部印发的《〈中共中宣部教育部关于进一步加强和改进高等学校思想政治理论课的意见〉实施方案》，对思政课课程体系、内容、层次进行了结构性优化，使我国思政课各学段和各学科内容更加具有系统性、贯通性和协同性。2017年中共中央办公厅、国务院办公厅发布的《关于深化教育体制机制改革的意见》中，党中央从长远教育战略规划的角度，强调要推进教育工作系统性、常态性、规范性机制，大、中、小、幼一体化循序渐进的跨学段德育体系建设。2019年，习近平总书记在学校思想政治理论课教师座谈会上强调，在大中小学循序渐进、螺旋上升地开设思想政治理论课非常必要，是培养一代又一代社会主义建设者和接班人的重要保障。② 总体而言，以上党和国家的政策文件从范围、内容、过程等多个方面拓宽了思政课建设的思路，有利于加快构建新时期思政课建设的大格局。

（二）"大思政课"建设的时代机遇

党的十八大以来，实现中华民族伟大复兴和实现社会主义现代化的新阶段、新征程，"大思政课"建设的任务和面临的形势背景都出现了新的特征。

基于国家教育战略目标，作为具有重要而独特的立德树人教育使命的思政课，必须办好、办强，以满足国家、民族、社会凝心聚力、聚合核心价值观的现实诉求。在这个背景下，"大思政课"的提出，是党和国家实现思政课建设高质量发展，有效落实治国理政方针政策的重要举措。全国政协十三届四次会议提出的"大思政课"理念，标志着思想政治教育观念上的一项重大创新，它明确了

① 教育部社会科学司. 普通高校思政课文献选编（第2版）［M］. 北京：中国人民大学出版社，2007：96.

② 杜尚泽."'大思政课'我们要善用之"（微镜头·习近平总书记两会"下团组"·两会现场观察）［N］. 人民日报，2021-03-07（1）.

推进思想政治课程改革、创新和高质量发展的指导方针。将思政课提升为"大思政课"的核心在于其与一般课程的特殊差异，它是"落实立德树人根本任务的关键课程"①，关系着中国特色社会主义事业的育人大计。"大思政课"这一概念揭示了一个涉及社会各界参与的广阔教育平台，它不是仅靠学校单独努力就能实现的目标，而是需要学校、家庭以及社会多元主体之间紧密合作和协作。为了实现"大思政课"的核心理念，众多主体必须强调协同合作的重要性，将传统的"思政小课堂"扩展到与"社会大课堂"的结合，以产生强大的协作效果，在加速发展和完善思想政治课程实践教学的过程中实现学校和社会协作互助的机制的建立。

（1）提高新时代高校思政课的高质量发展的必然要求。在社会发展日益多元化和国际局势复杂多变、暗流涌动的大背景下，思政课所遇到的很多问题都是前所未有的，需要在对既定原则、立场和价值进行"重申"的基础上，总结经验、优化方法，从社会领域中获取更多的教学资源和教学思路，能够搭建思政课建设新平台，构建思政课建设的新格局，赋予思政课建设新的生命力。经验证明，课程形态的思政课与社会实践形态的思政课的教育属性和功能虽然各有侧重，但具有辩证统一、互相补充、相辅相成的关系。虽然在空间场域方面具有客观的现实差别，但高校课程形态的思政课与社会实践形态的思政课所具有的一致的属性和内涵，决定着两者在教育育人功能发挥的方面并不存在严格意义上的边界。两者在对大学生进行思想政治教育，引导其政治信仰的确立，使其树立正确的理想信念的过程中发挥各有侧重点但总体相互协同的作用，过度强调两者功能作用的任何一方面，都不利于思想政治教育最终的目标任务的实现。因此，"大思政课"背景下新时期思政课建设必须将校内领域和校外领域有机结合起来，在对现实问题解释的过程当中善于把控时代发展的脉络，并结合时代发展所凸显的鲜明特性，扎实做好积极的宣传引领工作。

（2）深入践行思想政治教育立德树人的使命担当。新时代思政课承载着推进国家民族在新的历史起点奋发图强的大责任、大担当。这要求思政课建设必须与时俱进地寻找方法、功能、内容、视野，结合社会发展的新特征和新要求，在新的时代背景下更好地发挥立德树人的德育功能、宣传引领的政治功能和以文化人的文化功能，更好地实现党和国家培养时代新人的目标要求。通过合理利用社

---

① 习近平. 思政课是落实立德树人根本任务的关键课程 [J]. 求是, 2020 (17)：3-16.

会实践教学的鲜活资源，将理论知识所具有专业性、学理性和社会实践教学所具有的形象性、生动性相结合，能够进一步使思政课堂的涉及范围由"小课堂"转向"大课堂"，由"局部"转向"全局"。拓展思政课的社会大课堂维度，大力促进学校与社会各行业的有机协作，能够提高思政课在全局、全过程、全员方面的整体育人质量，突破传统模式中仅依赖学校小课堂侧重于教材理论知识讲解、遵循既定教学规划和教学程式开展教学活动的僵化局限。以对社会现实问题的紧密关注为切入点，借助学校"小课堂"与社会"大课堂"相结合的优势，以实现宣传贯彻党和国家重要政策方针的"重大任务"，达成新时代思想政治教育助力中国式现代化的美好愿景。此外，就高校思想政治教育系统运行的实际状况而言，推进"大思政课"建设能够促进高校思想政治教育理论工作与实践工作更为紧密地融合，弥合思政课理论性与高校思想政治教育实务工作现实性之间存在的隔阂与界限，从更为宽广的视角增进高校思想政治教育系统的科学性与协同性。因此，推进"大思政课"能够更加有利于党和国家思想政治教育任务目标的落实，也有利于从实践领域推进党和国家大政方针政策的落实宣传。

（3）对思想政治教育优秀经验的吸取和机制体系的改革创新。"大思政课"的出场不仅满足了思政课建设与时俱进的本质要求，契合了思想政治教育创新发展的内在规律，也有助于拓展新时代思政课的格局、空间，提升思政课的社会形象，推动思政课高质量发展，建立思政课与学校、社会、家庭、个人等多领域有机衔接与转换的科学机制。"善用'大思政课'"需要"跟现实结合起来"，着眼于思政课的社会衔接问题，即思政课的社会对接与社会转换机制。从课程社会学的视角来看，"大思政课"理念内含着为思政课建设提供社会资源支撑的必要性。理解"大思政课"，就是要回归"社会母体"来审视思政课，从优化教育生态的角度促进校内场域与社会场域的有机衔接，以此来优化思政课建设。一旦缺少社会维度的审视和资源的获取，不能从社会需要、场域、资源、条件等元素把握思政课的特质、形态、格局和具体实践，思政课往往容易局限于单一视域、封闭格局，自然难以构建开阔、博大的教育格局。

（4）在网络科技持续演进的时代情境之中，"大思政课"的建设本质上蕴含着向网络社会范畴拓展的内在诉求。

首先，从思政课建设所处的社会发展背景而言，当下，网络社会已成为关键的社会基础领域。针对网络社会施行思想政治教育，业已构成党和国家常态化思想政治教育工作的关键构成部分。"大思政课"所牵涉的社会领域的思想政治教育同国家战略所倡导的教育数字化战略具备一致性与契合性。就数字化资源建设的维度而论，大思政建设推动思政课步入将传统资源与数字化教学资源加以有机融合的崭新阶段。相较于传统的思政课，"大思政课" 属于更为恢宏的叙事概念，融入了前沿的技术、方式与内容，着力于思政课的数字化、信息化构建，促使 "大思政课" 在资源平台、评价等层面迈入新的发展阶段。"大思政课" 将思政课的价值精神向社会更为广阔的领域延展，从线上延伸至线下，调动受教育者的广泛参与，以数字化为典型的网络科技，乃是公民广泛介入的领域。教育数字化的实现程度已然成为教育强国的重要衡量指标，网络乃是新时代 "大思政课" 所直面的重要范畴。"大思政课" 将数字空间领域纳入其中，正视长期存在的浅层学习问题、理论与实践脱节，认知、理解和认同过程各阶段进展不畅的问题。把思想政治教育与数字化技术相融合，更优地把控当代大学生心理和成长规律中的诸多不一致与不协调之处。

其次，从思政课教学改革创新的技术维度而言，"大思政课" 向网络空间的延伸，有利于运用以数字技术为代表的，来自新科技领域的诸多相关技术，深入探索新时期思政课教学的机理和方法；在总结已有网络思想政治经验做法的基础上，进行前瞻性的继承和发展，实现技术和知识的创新，为学科发展和学科教学提供更广阔的探索空间和更加优质的平台资源支撑。基于此，为了更好地把握网络科技时代思政课实践教学的新特点，应将在网络社会中实践教学作为一个独立且重要的思政课实践教学领域和内容对待，根据网络虚拟空间的特征进行实践教学的深度认知、深入参与、深刻体会。

最后，在 "大思政课" 的语境中开展网络科技领域的社会实践教学将具有更加复杂的现实复杂性，为思政课教师及相关思政教育工作者在新时代进行思想政治教育教学带来挑战，因此，"大思政课" 的教育主体在技术赋能思政课教学的过程中，要坚持正确的价值导向，在对大学生精神世界的建构、情感诉求的满足中，要正确引导。具体而言：一是不能因为科技和虚拟现实技术对思政课教学的融合和嵌入，而弱化了思政课正确发挥政治性和价值性的导向作用。二是不能因过度凸显科学技术的技术理性，而影响了思想政治教育的教育主体性和情感的温度。除此之外，在网络社会的技术赋能，具有算法推荐、大数据分析的特征，往往会涉及对人的隐私获取。三是贯彻落实大思政建设的理念和要求，需要思政课教师自身提升运用数字技术的素养和能力，提升运用数字技术了解网络科技前沿问题的兴趣和积极性，及时掌握 "大思政课" 数字资源和平台呈现的有效信息，将思政课应有的政治性、理论性、规范性更好地嵌入大数据、互联网的虚拟学习空间场景中，提升受教育者学习的主动性和自主性，增强其沉浸式学习的深度和广度。

综上所述，"大思政课"将思政小课堂与社会大课堂统一起来，始终在思政课中坚定鲜明的政治立场、覆盖全体学生，随时代发展不断充实教学内容、更新教学技术。在教学手段上处理好传统教学方式与现代教学方式之间的关系，将这一影响深远的全局性、基础性、长期性、系统性伟大教育工程推向新高潮。

二、"大思政课"的内涵和特质

(一) "大思政课"的内涵

新时代"大思政课"建设的提出，具有特定的内涵意蕴和本质特征。从语义学的角度来分析，"大思政课"由"大"和"思政课"两部分构成，其中"思政课"是名词部分，表征着"大思政课"依然是一种"思政课"，应具有"思政课"的相关内涵和外延；"大"则是对"思政课"的语义学的修改和限定，表征着"大思政课"的本质特征。目前，学界对"大思政课"有两种理解：分别是"'大思政'课"与"大'思政课'"。前者主要关注"大思政"这一理念及其在思政课程中的深入应用，而后者则侧重于"大思政"课程本身的拓展，包括其内涵和外延的扩展。具体来说，"大思政"理念着重指出，在达成立德树人这一教育目标的进程中，学校需要全方位地发掘并充分运用各类教育主体、各门课程，以及各种教育资源所具备的思想政治教育功能，从而增强"大思政课"协同育人体系的整体教育效果。关于后者，"大思政课"乃是在秉持思政课培育适应时代需求之新人、塑造社会主义建设者以及未来接班人这一核心宗旨的指引下，尽最大可能运用传统教材及课堂教学以外的资源与手段。这涉及将各种教育资源转化为思政课的教学内容，通过这种方式，引导学生在学习、思考、实践和感悟中成长，从而更有效地完成思政课在立德树人这一关键任务中的重要作用。① 这种课程设计不仅是一个教学策略，也是一种教育理念，旨在通过拓宽教育资源和方式，更好地实现思政课的教育目标。

以"大"来形容和规定"思政课"，有利于我们更好地理解新时期思政课的

---

① 高国希．试论关于"大思政课"的几对范畴关系 [J]．马克思主义理论学科研究，2021 (10)：104–112.

内涵和特征，为新时期思政课建设的创新发展提供思路和提升空间。在讨论"大思政课"这一关键特质时，我们可以从两个主要方面予以剖析。一方面是课程内容的宽广范畴，"大思政课"课程致力于凭借深刻的视角培育学生的情感以及价值观。"大思政课"的生机活力源于教学内容与现实社会的深度融合，借助全局视角、历史视角以及当代视角来充实课堂内容，运用鲜活生动的实际案例触动学生的心灵深处。另一方面是对时代关联性的着重关注，即课程内容务必反映并契合当下的时代大背景。"大思政课"乃是基于对全球变革的回应而规划设计的现代化课程，其教学内容必须紧密跟随时代的律动，密切关注社会的实际状况，清晰、确切地阐释现实问题，采用真实、亲近且即时的教学内容吸引学生，保证教学既富有时代气息又能够不断推陈出新，维持其新颖性和关联度。结合习近平总书记和党和国家政策方针对"大思政课"的诠释和要求，深刻理念"大思政课"为什么要"大"，"大"在哪些方面，何以为"大"等问题，有利于我们从更加多维的角度来理解思政课建设的时代特征，从而有利于构建符合时代需求的思政课协同育人的体系，也有利于对思政课的形态和格局拓展，并对相应的教学理念、教学目标、教学内容、教学方式手段、教师素养、教学评价进行整体性的优化和变革。

"大思政课"为思政课建设提供了"大资源""大视野""大格局"，运用符合时代发展形势且更加具有前瞻性和宏观性的思维来寻找思想政治理论课改革创新的理论和实践路径，这更有利于践行高校思想政治教育全过程、全方位的育人理念，也为多教育部门之间进行协同合作汇聚了更多的人力、物力、财力资源和更宽广的支撑平台。总之，"大思政课"建设能够促进高校思想政治教育内涵式与外延式相互结合的发展模式的建立，保障思政课建设在宏观、中观、微观三个层面的有效衔接。"大思政课"相较于以往的思政课，从字面理解来说突出的是一个"大"字，这个大字可以理解为多方面的"大"，具有丰富的解读空间。但归根结底，"大思政课"建设所具有思政课的本质属性和所担负的根本任务依然没有变。在承担着思政课教材体系向教学体系转化的任务过程当中，"大思政课"建设关联着思政课程和课程思政相结合，以及思政课一体化建设的相关任务，最终目的是落脚到提高思政课的实效性、系统性、科学性等目标。因此，以"大思政课"建设所蕴含的理念和思路作为时代导向，当下我国思政课建设越发注重协同性与整体性，且重视多学段衔接的整体性发展，这有利于从更为宏阔的视野和格局来提升思政课建设的资源，拓展空间，优化平台，充分调动更多部门、主体开展思政课教育的积极性和实效性。同时，为适应时代发展的新需求，达成思政课立德树人、培育优秀时代新人的使命和职责，"大思政课"应当基于以人为本的原则，持续结合社会发展的新态势，特别是针对新技术迅猛发展这一社会背景下大学生身心健康成长的规律，以及学习思政课的接受模式、认知习惯等方面的问题予以积极的解读和回应。

（二）"大思政课"的特征

（1）宏阔的全局视野。

从空间维度，思政课之大不仅体现在要将社会场域的资源要素有机且广泛地融入高校思政课建设的相关内容设置，还体现在对国内和国外社会发展的宏阔视野的审时度势中。"大思政课"从当前中国所处的国际大局势出发，立足于"百年未有之大变局"的视野，围绕着实现中华民族伟大复兴的目标而进行思政课课程内容的设置，体现出思政课更大的空间格局和更加深远价值意义。

第一，"两个大局"是当前我国发展所处的客观现实和政治前提，也是"大思政课"实现立德树人的教育目标，服务党和国家重大战略目标和政治任务实现所处于的基本现实条件和政治环境。因此，"大思政课"需要讲清楚中国特色社会主义进入新时代，全面建成小康社会、第一个百年奋斗目标如期实现。在新时代条件下，胸怀"两个大局"意味着思政课教师能够在思政课教学中更加精准定位中国所处的历史坐标与世界坐标，从而致力于实现中华民族伟大复兴的历史使命。

第二，"两个大局""两个一百年"历史交汇期下，在国际局势暗流汹涌，多种价值观复杂交错，通过多元化的传播方式产生社会影响的过程中，人的思想面临更加复杂的社会思潮的影响。不仅如此，在信息技术的影响下，自媒体对人们的思想精神领域产生着更加复杂的冲击。新时期背景下多种社会思潮交互跌宕，对主流价值观产生多元化的影响，尤其是伴随着当前社会形势在国际、经济、政治、科技、文化、安全等多种因素综合作用下所出现的复杂局面，"大思政课"必须扩充思政课原有的视野和资源来源范围。思政课教师用马克思主义观察时代、把握时代、引领时代的责任更加重大，即重新定位思政课在社会发展中的作用和价值，坚持因事而化、因时而进、因势而新的原则将思政课融入党和国家的战略大局，紧跟时代大势而制定思政课课程内容体系，不断增强思政课的时代感。

（2）深厚的历史底蕴。

思政课之"大"在于跨越百年历史维度。从历史的角度，"大思政课"具有丰富的历史文化积淀，通过对历史传统文化和党的思想政治教育经验的吸收、借鉴与创新，从更加宏大的历史叙事中寻找思政课建设的根基与资源，增强学生的历史使命感，运用发展中的社会最新成果赋能高校思政课的发展。要根据社会生产力发展水平及思政课发展的规律，从历史脉络到历史特征，在"两个大局"时代背景下的教育样态进行清晰透视，能够通过对国内外环境的分析从教育逻辑中，寻找"大思政课"建设来自理论、历史、现实方面的依据，据此可以推导出思政课开展教学遵循社会逻辑的合理性和必然性，使"大思政课"具备历史的厚度。一方面，"四史"教育能够让思政课的理论教育、精神塑造和价值引领与历史相贯通、与文明相联系，使思想政治教育的说服力、现实性得以增强。另一方面，"四史"教育能够以正确的历史观反对历史虚无主义，有效促使学生在把握历史规律中加深对中国特色社会主义的认同，以及加深对中国共产党执政规律性认识。要基于历史的纵深性，以历史学的视角认识"大思政课"所关涉的历史素材，在洞察历史规律和把握历史大势中指引学生深刻领会"大思政课"的历史渊源和所具有的知识底蕴。因此，"大思政课"蕴含着思政课教师重视运用宏观视野剖析和审视历史，全方位、系统性地洞察并把控历史演变的规律，凭借大历史观讲好新时代的"大思政课"。

（3）丰富的社会资源。

从马克思主义理论的角度来分析，社会可以看作是一个复杂的集合体和生命体。马克思本人在其著作中也将社会认为是一个复杂的有机活体，将社会发展认为是一个不断运动发展和变化的过程。社会乃是思想政治教育产生、发展以及彰显价值的关键载体，人类所有的社会实践活动均需在社会实践当中获得验证与证实。根据习近平总书记的论述，"大思政课"建设的一个重要的内容就是加强社会维度的思政课建设，注重从社会的层面发挥各种资源，加强社会资源与高校思政课的融合融通是高校思想政治教育最终落到深实处走深走实的根本措施。唯有切实实现思政课建设的相关内容与社会实践的有效衔接，对学生于社会实践中所遇到的、所关切的真实问题予以回应，方可让思政课真正成为一门值得信赖、能够为学生释疑解惑、解决切实的思想问题以及社会现实问题的课程。强化思政课与社会实践之间的有效衔接，能够显著提升高校思政课理论课堂的亲和力与感染力，使大学生于思政课中获取更为丰富的成果，增进其对思政课的信任感。因此，关注社会实践，加强对思政课在社会实践当中所关涉的各要素的分析，通过社会发展运行的逻辑更好地贯通思政课教学的逻辑，是"大思政课"建设和发展遵循的一个重要的维度。

（4）科学的主体协同性。

思政课之大在于实现学校、家庭、社会等多种实践教学场得以协同合作，共同打通学段、打破隔阂、衔接多内容、贯通全过程，使"大思政课"具备"实践的宽度"。推动思政课建设内涵式发展，形成全社会协同配合的工作格局，相关部门要增强工作合力构建"大思政课"生态体系，不仅要用好思政课堂这个主渠道，更要从整体上系统地打造深化思政课改革创新的生态体系，构建思政课教学与思政课教师和谐共生、思政课程与课程思政协同育人、思政课与高校思想文化建设有机融合、思政小课堂与社会大课堂有机联系的"大思政课"生态体系，促进各类思想政治教育资源的合理调配和协同作用，不断为思政课输入能量，增强供给。"大思政课"更加注重课程系统化、体系化建设，要求建设家庭、社会、学校网络相互配合支撑的全社会贯通体系，纵向要求建设大中小学思政课一体化和本硕博思政课阶段性递进的全学段衔接体系，同时要求建设学生知、信、行相统一的课程评价体系。

因此，积极践行党和国家有关"大思政课"建设的重要指示及基本要求，有助于深化对新时代思政课建设规律的认知。"大思政课"建设为思政课建设赋予了更多源自时间与空间维度的发展契机，为其提供了更为丰富的资源。"大思政课"建设需要推动思政课建设内涵式发展，紧扣立德树人根本任务，汇集各方力量，整合校内外一切具有思想政治教育功能属性的资源和素材。故而，要通过对思政课规律的把握，依据当前社会发展的具体进程，将大历史、大平台、大资源的系统整合的理念融入思政课建设。具体而言，需要在横向层面充实教育资源并丰富教育形式，从历史与现实相结合的维度增强教育的纵深度。站在思政育人的视角，系统性剖析当下校内、校外存在的可能的思政要素，结合当今时代发展的大趋势，最大限度地挖掘更多要素，协同运用校内、校外的资源平台，紧跟时代步伐开展爱党、爱国主义教育、理想信念教育，践行培养有情怀、有担当的时代新人的教育培育工作理念。

（5）真实社会实践性和感受性。

"大思政课"更加注重凸显教育对象对个体性实践生活的感受性，力图建设新时代更加具有丰富内涵底蕴的"高精尖"思政课，构建以思政课为主干、以课程思政为协同、以中国当代伟大实践为社会大课堂的"大思政课"体系。社会实践的思政课体系，是融合式思政，是将思想政治理论从抽象化的存在具象化为学生易于理解、乐于接受的语言、视频和活动形式，将鲜活的生活态度、工作情感、实践成果、人生感悟进行生动表达，尤其是有意识地将丰富的学科素材、直观的现实场景、真实的学习体验转化为培养学生政治信念、社会主义核心价值观的生动载体。"大思政课"以场域理论的公共性、共同性为基石，融合高度的参与性和互动性，构建了全新的教育模式。它推行对象化教学策略，精准对接学生需求，实现个性化学习；实施分众化教学，针对不同群体量身定制内容，增强教学针对性。同时，强化互动化教育，通过小组讨论、案例分析等形式，鼓励学生积极参与，促进思维碰撞与知识共享。这一创新模式不仅为学生提供了深入学习、提升思想的平台，还打造了一个开放包容的交流空间，让学生在讨论中明辨是非，在互动中回应社会问题，真正成为学习养成、思想提升、交流讨论及社会责任担当的重要载体。相对于以往思政课建设的理念和思路，"大思政课"更加注重思政课建设的系统性和机制性，重在调动一切校内外资源，对标当前思政课建设的痛点和难点，更好地将课堂教学和社会实践进行有机融合，发挥各部门自身的特点，以提升大学生的思想政治素质，以更大的视野范围、更多元化的教学资源为抓手，以解决大学生的思想问题为导向，形成立德树人的整体效应。

（6）多元化的课程要素和结构。

"大思政课"从更为宽广的视野范围为思政课建设提供全面的教育教学要素，使课程体系的建构更加具有科学性、全面性和整体性。在现代高等教育发展的语境中，课程是一个涵盖多要素的综合集合体。在这个意义上，课程也可以认为是"由知识、技能及与之相应的学生的活动组成的"。[①]在现代高等教育学科不断分化发展的大趋势下，不同学科的课程设置往往呈现出分门别类的专业化特征，形成知识型、技能型等类型。因此，"大思政课"从内容结构和要素结构上看，则更加具有科学性和全面性，有效地克服了内容、目标、载体等多方面的偏狭化发展的倾向，可以认为是一门具备"全要素"，涵盖"全过程"的课程，其囊括了知识、技能、活动、价值等课程应有的全部要素，贯穿于高校思想政治教育的全过程和全领域。

从课程设置的角度来讲，"大思政课"的有效实施必须经过知识融合、技能

---

① 钟启泉. 现代课程论 [M]. 上海：上海教育出版社，2015：4.

培训、实践运用、价值引导的关键要素和价值的贯穿环节，把握课程体系运行的逻辑机理，优化各要素、各环节的实施。思政课的"全要素"结构也在无形之中增加了思政课教学的难度系数，让思政课承载了相比于其他课程来说更多的教学任务。思政课之"大"就在于其课程结构表现为课程"全要素"构成的有机体。这也从根源上决定，思政课只有广泛地吸纳多元的知识元素和社会元素，才能够塑造出应有的大视野、大格局，担当培养德智体美劳全面发展的社会主义建设者和接班人的大使命。从这个意义上说，"大思政课"是基于思政课内在属性与结构特征的课程形态拓展，它虽然在构成和演化的过程中不断吸纳新鲜的社会元素，但这并非另一种新的课程形态的创立，而是遵循思政课建设本质规定性的时代性创新。因此，可以说"大思政课"之"大"不能简单地认定为在规模和内容上的"外延式扩容"，而是以"内涵式回归"的方式加深思政课作为"金课""大课"的底蕴。

三、"大思政课"的场域分析

场域是承载思政课教学开展的现实场所。从教学场域的角度来看，"大思政课"教学的全面性和系统性决定着其教学场域必须具有足够广阔的空间来承载，这要求其突破原有的仅依靠"学校讲思政课"的模式，从横跨校内和校外两部分场域架构起完整的思政课教学场域，从而将校内思政和校外思政进行贯通和整合。这也意味着将教学活动的有效开展不仅在学校中实现，还要在社会中实现。因此，"大思政课"从理念设计到现实贯彻，其系统运行凭借的现实场域，是由校内场域和校外场域两部分而共同组成的。其中，校内场域和校外场域都分别具有各自不同的课程教学形式和方式。

（一）"大思政课"所包含的校内课程：思政课程与课程思政

从本质内涵的角度而言，"大思政课"是习近平新时代中国特色高校思想政治教育新理念、新方法、新格局的重要呈现形式之一。习近平总书记在学校思想政治理论课教师座谈会上强调，我们办中国特色社会主义教育，就是要理直气壮开好思政课。① 思政课程和课程思政共同作为"大思政课"的校内理论课程，对开展高校思想政治教育工作具有重要意义。思政课程作为高校落实立德树人根本任务的关键课程，与课程思政相辅相成，能够潜移默化地实现这一根本任务，二

---

① 习近平. 思政课是落实立德树人根本任务的关键课程［J］. 求是，2020（17）：4-16.

者相辅相成，共同构成"大思政课"的校内课程的组成课程。

1. 思政课程

思政课程，即高校"思想政治理论课"课程的简称，是针对高校各专业学生开设的思想政治教育类公共类课程，其任务是对大学生进行系统化的马克思主义理论教育，帮助大学生树立正确的价值观，提升当代大学生的思想政治素养。改革开放以来，党和国家先后出台了多个文件，对思政课的内容、类别、学科设置不断提出要求，不断推动思政课程建设的改革创新。这其中比较有代表性的文件有：一是 1985 年 8 月出台的《中共中央关于改革学校思想品德和政治理论课程教学的通知》（以下简称"85 方案"），将思政课程明确分为马克思主义理论课程和思想教育课程两大类。二是 1998 年 6 月中宣部、教育部印发《关于普通高等学校"两课"课程设置的规定及其实施工作的意见》（以下简称"98 方案"），对本专科的课程体系作了明确的区别对待。三是"05 方案"，即 2005 年 3 月，在《中共中央宣传部教育部关于进一步加强和改进高等学校思想政治理论课的意见》，将原先 7 门必修课程改为 4 门必修课程，进一步完善课程设置，形成了比较系统的思政课程体系。四是 2019 年 8 月，中共中央办公厅、国务院办公厅印发的《关于深化新时代学校思想政治理论课改革创新的若干意见》中指出，全国重点马克思主义学院率先开设"习近平新时代中国特色社会主义思想概论"课，更加完善了思政课的课程体系。

当下，我国高校思政课程体系的构建日臻完备，展现出系统性及科学性的显著特质。针对专科生、本科生、硕士研究生以及博士研究生等各异学段学生的特性，分别规划设立了必修性质的思想政治理论课程。此类课程于全国高校范畴内统一施行，并严格遵循教育部所拟定的课程建设准则，有力保障了教学的科学性与规范性。思政课程凭借其突出的政治性、深厚的理论性以及持久的创新性，已然成为高校培育新时代人才的关键载体，不但对学生综合素质的提升大有裨益，也为增强思想政治教育工作成效给予了强有力的支撑。与此同时，其亦是高校达成立德树人这一根本任务的重要环节。

2. 课程思政

课程思政是一种全面的教育理念，它旨在构建全员、全程、全课程的育人格局，确保各类课程与思想政治理论课在育人方向上保持高度一致，形成强大的协同效应。其核心在于将"立德树人"确立为教育的根本任务。为达成此目标，课程思政全面发掘各类专业课程、课堂以及教学方式内所蕴藏的思想政治教育资源，并将其嵌入教育教学活动中，通过思想引导与价值引领，最终达成立德树人这一教育目标。此理念不但充实了教育的内容与形式，而且增强了教育的针对性和实效性，为培育德智体美劳全方位发展的杰出人才给予了强有力的支撑。

课程思政的提出和发展是随着时代要求与高校思想政治教育的现实需求而不断拓展、深入与创新的过程。早在2014年，上海市委、市政府便率先提出了课程思政的理念，并将此理念付诸实践。历经多年的发展，针对课程思政的相关研究更加深入，且在实践层面的探索也愈加完善。随着课程思政建设不断完善，其建设理念也更加受到相关责任主体的重视，国家层面也出台了相应的文件。2016年，习近平总书记在全国高校思想政治工作会议上提出要"使各类课程与思想政治理论课同向同行"①。2020年教育部颁布的《高等学校课程思政建设指导纲要》中，强调道德教育与专业教育相渗透，课程思政开始"由理念走向实践，从雏形走向体系，从试点走向全面"。②

在高校的教育教学工作中，大学生学习专业课程和课堂的教育教学所占的比例远远超出思政课程所占比例。因此，课程思政的构建具备明晰的价值指向，将专业课的课程特色与思政元素相结合，将知识传授与价值引领相结合，使大学生坚定理想信念，坚定"四个自信"，树立正确的世界观、人生观和价值观，厚植爱国主义情怀。在这个意义上，课程思政有机贯穿于"大思政课"体系建设的相关环节中，应根据学科和专业的性质进行设置，深入挖掘专业课程内的思政元素的基础上，在向大学生传授专业理论、专业技能和专业方法的过程中，注重从专业课的专业角度来解读其中内含的思政元素和旨趣，从而更好地发挥专业课价值观引领和人文精神激励的功能作用。

3."大思政课"背景下思政课程与课程思政的内在关系

思政课程与课程思政作为"大思政课"课程体系中的重要组成部分，在育人过程中，二者相互联系、相互促进，对思想政治教育工作发挥着关键作用，共同构建"大思政课"格局的校内领域。思政课程对课程思政予以政治引领，课程思政则能切实转变思政课单一的教学模式，在潜移默化中对学生进行思想政治教育。但是，二者在思想政治教育过程中所处的地位不同，所涉及的具体教学内

① 总书记在全面高校思想政治工作会议上强调：把思想政治工作贯穿教育教学全过程　开创我国高等教育事业发展新局面［J］. 实践（思想理论版），2017（2）：30-31.

② 类淑华，马超. 新时代课程思政建设的焦点目标、难点问题及着力方向［J］. 新疆师范大学学报（哲学社会科学版），2021，42（5）：96-104.

容和教学形式亦各不相同。所以，务必要精准地理解与把控两者的辩证关系，有效发挥两者各自具备的功能及优势。

（1）思政课程与课程思政的契合性。

第一，育人目标相同。在全国教育大会上，习近平总书记深刻地指出："我国是中国共产党领导的社会主义国家，这就决定了我们的教育必须把培养社会主义建设者和接班人作为根本任务。"① 思政课程和课程思政在教育目标上高度契合，都致力于培养符合国家和社会期待的青年人才，为实现中国梦不断注入新的活力。它们的育人理念均深植于学生全面发展和个人成长的需求之中，通过系统的理论教育以及丰富多样的实践活动，对学生进行价值观的引导和实际能力的指导。这样不仅促进了学生对社会主义核心价值观的深刻理解，同时也推动了他们将这些价值观转化为实际行动，实现内化于心、外化于行的教育目标。第二，育人功能互补。思政课程和课程思政虽然在性质上存在差异，但它们在功能上共同承担着思想政治教育育人的使命，并在实践中相互协调、互为补充。思政课程通过系统深入的理论讲解和思想政治理论的灌输，对学生的价值观进行引导和塑造，成为实现立德树人教育目标的重要组成部分。而课程思政则通过巧妙地将思想政治教育融入专业和通识课程中，以潜移默化的方式发挥作用，对思政课程进行了有效的补充和拓展，为育人工作提供了强有力的支持。两者相辅相成，共同推动了思想政治教育工作的深入发展。第三，责任使命一致。思政课程是"落实立德树人根本任务的关键课程"②，根本任务还是需要通过思政课程来实现。因此，无论是课程思政还是思政课程，都是高校思想政治教育的核心要求，是完成立德树人根本任务的关键前提。这就需要教师团队相互协作、共同奋斗、勇担责任。既要坚持以学生为中心，密切关注学生，积极服务学生，提升学生的思想品德、政治觉悟和内在素质，推动学生健康成长和全面发展，又要遵循教育教学规律，即遵循教书育人规律和学生成长成才规律。通过优化课堂教学，不断改进教学方式，提升育人工作的能力和水平，增强课程育人的针对性和亲和力，使思政课程与课程思政协同共振，共同实现育人目标。

（2）思政课程与课程思政差异性。

第一，教学内容不同。思政课程是思想政治教育关键课程，主要教授思想政

———————————
① 习近平在全国教育大会上强调：坚持中国特色社会主义教育发展道路培养德智体美劳全面发展的社会主义建设者和接班人［N］.人民日报，2018-09-11（1）.
② 习近平.习近平谈治国理政（第3卷）［M］.北京：外文出版社，2020：329.

治理论，进行系统的马克思主义理论教育①，承担着立德树人的重要任务，属于具体的思想政治理论类课程。相对而言，课程思政并非特定的单一课程，而是一种教学理念。尽管二者都肩负育人使命，但在教学内容上存在差异，这种差异正是它们相互协同的基础。课程思政的教学内容呈现学科性，专注于强调"课程"，即在各学科课程中根据专业知识的内容和特点，将挖掘的思政教育资源融入教学，侧重于专业知识传授，辅之以思想价值引领。相较之下，思政课程更专注于为学生提供系统的思想政治理论教育，其教学内容更为全面系统，以提升大学生的思想道德素质为主要目标，是培养时代新人至关重要的一环。第二，教学方式不同。思政课程是显性课程，按照课程计划，以其独特的无产阶级党性和意识形态性，系统全面地进行思政教育，引导大学生确立正确的三观，提高思想政治素养的基础性课程。相对地，课程思政以隐性教育为主，在教学过程中，教师通过深入研读教材，挖掘教学过程中的思政元素，更加潜移默化地进行思想政治教育。第三，课程地位不同。思想政治理论课"是对学生进行马克思主义理论的系统教育，是学校进行思想政治教育的核心课程"②，而课程思政则是依托"专业课程和通识课程，结合不同课程特点，深入挖掘课程思政元素，将思政元素有机地融入专业课教学，以此达到育人效果"③。这说明，思政课程是大学生思想政治教育的主渠道，处于"引领"地位，在高校思想政治教育体系中扮演主要角色；而课程思政则以其他各类课程为依托，以专业知识传授和能力培养为主要责任，在思想政治教育体系中扮演补充协同的角色。

综上所述，尽管思政课程和课程思政在功能定位和教学方法上存在差异，但在育人目标上都指向立德树人，二者协同的逻辑起点和逻辑终点是一致的，这成为协同的前提和基础，据此思政课程和课程思政共同构成了"大思政课"的校内课程部分。

（二）校外：社会大课堂背景下校外多种教育资源的协同联动

校外社会课堂是学校课堂的社会延伸和辐射至社会领域的课程形态和领域延伸。相较于校内课堂的资源和面积，社会作为课堂所具有的资源和容量更加丰

---

① 石书臣．正确把握"课程思政"与思政课程的关系［J］．思想理论教育，2018（11）：57-61．

② 赵继伟．关于"思政课程"与"课程思政"辩证关系的思考［J］．思想政治课研究，2018（5）：55．

③ 教育部．关于印发《高等学校课程思政建设指导纲要》的通知［EB/OL］．http：//www.moe.gov.cn/srcsite/A08/s7056/202006/t20200603_462437.html．

富。社会实践教学是社会课堂开展思政课教学的重要实现方式。正如习近平总书记所强调的，要把立德树人的成效作为检验学校一切工作的根本标准，真正做到以文化人、以德育人。要把立德树人内化到大学建设和管理各领域、各方面、各环节，做到以树人为核心，以立德为根本。①"大思政课"所倡导的"同向同行、协同育人"理念的落实，其核心在于衔接好学校组织化、集中化的理论课堂和社会全领域的宏观课堂两个主阵地，共同发挥好立德树人的协同育人功能。思政课的校外社会课堂涵盖了丰富的实践教学资源。为了有效地实现教学目标，需要整合各种显性资源，如物力、人力和隐性资源，如运行制度、管理制度、技术、信息等。在大数据时代，共享这些实践教学资源对于提高思政课的实践教学质量、提升资源使用效率以及增强大学生的文化自信都至关重要。

在社会大课堂的教育语境中，思政课校外教学资源的协同联动显得尤为重要。思政课不单单是政治理论知识传授的载体，更是旨在培育国家未来接班人的一种社会实践教育活动。借由校外社会课堂这一形式，能够极大限度地增强大学生的实际操作能力，并在社会实践、生产实践以及科研实践当中发挥关键性作用。首先，校外教学资源的合作能显著丰富思政课的实践教学内容。随着学科间融合的加深和教学内容更新速度的加快，单一传统的教学步伐已无法满足需求，容易落后于时代。在社会大课堂模式下，通过校外多样化教育资源的协同联动，我们能够及时更新教学内容，不断提升教育质量和学生的综合素养。这种联动产生的新教学内容不仅提高了思政课的吸引力和有效性，也极大地促进了高质量实践教学的实现，进一步推动了立德树人教育目标的达成。其次，校外教学资源的联动有助于创新思政课的实践教学手段。实践教学手段处于持续演进的态势，这要求教师不但要借助互联网展开资料的搜索与整理工作，而且要深度发掘信息背后所蕴含的价值，运用诸如大数据等科技手段，让文字和图像内容变得更为生动形象，并将其成果切实转化为实际应用。通过此种方式，可以有力促进社会各主体间的资源共享，从而切实地把先进的科学技术引入大学生的实践活动之中。最后，校外教学资源的协同可以提高思政课教学资源的利用率。教育应当致力于为人民提供服务，当下不同地区的课外实践教学资源方面存在差异，诸如参加国际会议、对革命文化基地进行访问、参与高校交换项目等方面的机会更是较为有限，因此要秉持以人为本的准则，资源的协同联动能够借助现代科技达成多地区

---

① 习近平.在北京大学师生座谈会上的讲话［M］.北京：人民出版社，2018.

合作，进而实现教学资源的高效运用，促进教育公平。

在社会大课堂背景下，思政课校外教育资源在协同联动方面仍存有若干问题。整体而言，思政课资源共享平台的构建尚处于发展的初级阶段，其理论体系的相关研究亦尚未完善。不同的教育机构与组织通常具备各自独立的管理体系和运作方式，这对资源的统一整合及调配构成了严峻的挑战。怎样高效地协调各方资源以达成无缝对接，乃是校外教育资源联动亟待解决的首要难题。而且，在联动合作过程中，信息交流或许会存在阻碍，各方对于教育资源的认知程度也存在差异，进而对整体的决策制定以及资源利用效率产生影响。因此，构建信息共享平台对于缓解此问题具有关键意义。此外，尽管现代技术为教育资源联动创造了更多的可能性，然而在实际应用时，可能会出现技术方面的门槛和限制，例如网络基础设施的不健全、教育技术应用的不成熟等。上述情况均有可能对教育资源的有效联动造成不利影响，导致以往社会场域的思政课职责和功能没有充分地被注重和挖掘，思政课的社会属性也没有充分地彰显出来。

从更加宏观的视野和范围来看，社会课堂课程设置和课程建设上体现出思政课更加多元化的形态和更加宽广的情怀，更加注重参与思政课建设的社会群体和资源的丰富性，以及教学内容的差异性，更有利于实现党和国家立德树人的"大格局、大目标"。正如马克思所强调的，"全部社会生活在本质上是实践的。凡是把理论引向神秘主义的神秘东西，都能在人的实践中以及对这种实践的理解中得到合理的解决"。① 在这个意义上，社会实践教学包含着思政课透彻说理、答疑释惑的优秀品格，体现了思想政治教育所倡导的理论与实践相结合的本质诉求。传统课堂的理论讲授存在空间、场景、参与人员等方面的局限性，"大思政课"的社会维度为理论教学提供了现实的印证和资源的扩充。从实践的角度来讲，"大思政课"能够进一步为思政课实践教学提供平台、载体和空间，为进一步优化实践教学方案提供支撑。思政课的实践教学与大学生的社会实践活动相互融合，其一，能够为社会实践活动赋予更为深刻的教育内涵；其二，亦能为思政课的实践教学融入更多源自实际活动的要素。将社会实践的具体活动内容纳入思政课程体系，能够充分发掘大学生在社会实践中所面临的教育契机，进而构建一个多维度且极具创新性的思政课实践教学范式。

总体而言，校内思政课与校外社会实践的结合，其实质是思政社会课堂化和

---

① 马克思恩格斯文集（第1卷）[M]. 北京：人民出版社，2009：501.

思政课堂社会化的有机统一，也是思想政治教育高质量发展和教育现代化的必然趋势，更是"生活即教育""教育即生活"理念的现实实践路径的展现。

（三）网络空间领域

伴随信息化时代的到来，移动设备与无线网络的迅猛发展对日常应用习惯产生了显著影响，尤其在大学环境中的网络应用方面表现突出。现如今的网络，涵盖了大数据、云计算、物联网、元宇宙等新技术，正在以一种蓬勃发展、不断创新方式，不断重塑着思政课的载体、方式、内容网络空间现在已经成为思政课的重要阵地。此类技术不但实现了教育资源与平台的整合，而且为培育高素养人才筑牢了坚实根基。网络技术深度融入高等教育已成不可逆之态势。在思想政治教育范畴，此趋势更为显著。同时，国家也已经发布了相应的政策，将网络空间作为基层思想政治教育的重要空间。拓展网络空间领域思想政治教育的路径于推动大学生正确思想价值观及健全人格的养成具有积极效用。

高校的思政教育工作者务必要洞察这种形势变迁，深入探究网络教育和传统教育各自的优势及局限。一方面，网络社会具有独特的功能和影响力，是"大思政课"在现实社会领域的延伸和补充。网络具有虚拟性，是一种虚拟的社会组织形式。在网络空间中，用户体现出与现实社会不同的行为方式和语言体系，需要思想政治教育者注重现实与虚拟空间的区别，不断探索出相对独立和完整的适合网络空间的实践办法和思想政治教育理论的研究体系。另一方面，网络空间是新科技技术运用于思政课的重要载体。网络空间是新的科学技术对"大思政课"数据收集、分析和掌控、结果分析等工作都进行了深刻的重塑。科技技术有利于思想政治教育者，更好地运用先进的工具，从客观现实等科学性分析入手，根据受教育者的行为方式不断捕捉信息，把握人内在的思想、心理特征。与此同时，他们应当直面传统教育方式的缺陷，并积极汲取网络教育的长处，从而重新审视并重新构建思政教育模式。这种重构应当围绕服务和育人这一核心目标展开，以契合当下高校思政教育的需求。

在全面且精准地把握网络空间领域育人功能的原则与价值的基础之上，充分发挥网络空间范畴内思想政治教育的服务与育人功能，仍需探寻切实可行且成效显著的路径。

第一，要加强网络空间的"大思政课"知识体系建构。网络空间为"大思政课"教育的课程设置、教学计划、内容改革等理论体系和课程体系提供了依据，同时也是思政课创新发展的重要方向。"大思政课"的建设要不断面对网络空间的挑战，从课程设置上不断更新内容，不断探索出适合网络空间教育的内容、方法、载体。因此，"大思政课"向网络空间领域的延伸，乃是中国特色自主知识体系建构的关键内容与重要任务。其理论与实践成果，属于中国自主知识体系的创新创造，是对紧密结合中国国情的"大思政课"理念的切实贯彻。

第二，网络平台的构建与治理乃是网络文化演进的核心要素。网络文化于教育范畴的作用影响甚为深远，因此，增进网络平台的品质极具关键意义。首先，我们务必要紧密追随网络技术的前行脚步，持续进行新媒体平台的更新与优化。其次，网络平台的建设应当受到高度的关注与重视，不仅要聚焦于公众的兴趣所在，而且要在社会主义核心价值观的引领之下，传扬优秀文化与高尚道德，同时积极着眼于社会热点问题，引领公众准确理解相关问题，增强其辨别是非的水平。另外，强化对网络平台的监督管理，对不良信息予以打击，构建健康良好的网络环境亦为不可或缺的重要环节。

第三，网络文化内容的构建具备同等关键的重要性。首先，应当以社会主义核心价值观作为指引，推进网络内容的构建工作，促使其更为紧密地贴近大众，积极传播正能量。其次，需强化文化自信，高度重视网络文化于中国特色社会主义文化建设里所发挥的作用，推动网络文化的昌盛发展，充分发挥教育职能。最后，加强"四史"教育，涵盖党史、新中国史、改革开放史、社会主义发展史的教育，把红色资源融入高校网络教育之中，增进网络文化的教育成效。

第四，要加强思政工作者网络文化方面的素质提升。首先，思政工作者需具备正确的网络意识。网络文化的发展为思想政治教育在坚守正道的基础上创新提供了崭新视角。与此同时，作为网络活动参与者的思政工作者，不仅要增强自身的网络意识，还需要借助各类网络媒体进行学习，传播网络正能量。其次，思政工作者要提高运用网络文化的能力。即使网络空间虽是虚拟的，但网络文化与现实并非毫无关联，在诸多情形下乃是现实文化的映射。因此，思政工作者唯有熟练掌握并运用网络文化的能力，重点培育积极、健康、向上的网络文化，才能够切实将网络文化的育人功能予以发挥。

第五，要加强教育对象在网络文化中的素养培育。首先，思政工作者需要引领民众增强对网络文化的鉴别能力，提高其对网络文化的甄别能力，切实达成让网络文化为自身服务的目标。其次，加大网络道德规范的教育力度势在必行，加强民众尤其是青年学生在网络空间的道德建设工作已迫在眉睫。最后，增强网络自律意识的教育工作至关重要。教育对象作为网络文化的参与主体，不仅能够依据自身的兴趣选择相应文化展开学习，而且能够借助网络平台发表个人观点，成为网络文化的有力贡献者。

总而言之，思政工作必须对网络文化的育人功能给予高度重视，增强自觉性与主动性，遵循正确原则，同时积极探索其有效实施的路径。要将网络教育与传统教育加以融合，在优势互补、高效互动的过程中，增强思政课的教学成效，促使民众，尤其是青年学生，紧密聚拢于新时代中国特色社会主义的宏伟旗帜之下，自觉担当起实现中华民族伟大复兴的历史重任。

第二节 "大思政课"格局下"高校思政"与"社会实践"的契合依据

"大思政课"格局下讲清楚学校思政与社会实践两者的内涵式契合关系至关重要。学校思政旨在通过系统的理论教学，为学生奠定坚实的思想道德基础，培养他们正确的价值观和道德观。高校思政课程中的理论内容，为学生参与社会实践提供了指导和方向。学生在课堂上所学到的道德规范、社会责任感等观念，能够在社会实践中得到具体的应用和检验。而社会实践则是将这些理论知识转化为实际行动和体验的重要途径，为学校思政注入了生动鲜活的素材和案例。通过亲身参与各种实践活动，学生能够更加深刻地理解思政课中的理论知识，感受到其在现实生活中的重要性和影响力。

（一）"大思政课"格局下"高校思政"与"社会实践"课堂属性的相近性

"大思政课"背景下社会与学校共同担负起思政课的教学责任，社会实践具有丰富的课堂教学功能和价值。在发挥"课堂"功能的意义上，课堂一般是指专门用来进行教学活动的教室，亦泛指各种能获取知识的场所。[①] "大思政课"，本质上也是进行思想政治教育的一种课堂形式，具有思政课一系列的要素结构和规定。在"大思政课"的范畴下，学校思政小课堂与社会大课堂同属于课堂范畴。"社会大课堂"实践空间需具备思想政治理论课课堂要素结构，实践过程需契合思想政治教育过程特征，实践活动需满足大学生研究性学习需要。社会作为

---

① 邓治凡. 汉语同韵大词典［M］. 武汉：崇文书局，2010：99.

具有和学校课堂同样具有教学育人功能的"大课堂"，同样能满足思政课教育需求。

1. 社会实践教学具备思政课课堂要素结构

社会实践教学的"大思政课"课堂属性，通过其空间场所所具有的课堂结构要素和课堂属性体现。根据课堂要素结构理论，有效性课堂教学的成立必须具备必要的主客体、目标、活动、环境等要素。在社会中开展的实践教学作为一种特殊的教学，具有课堂所赋予的所有要素和环节，满足"课堂教学中必备的要素或必经的环节所处的地位及其相互作用的关系"①。因而社会实践教学成为"大思政课"课堂的重要组成部分，具有以下几点依据：

第一，社会实践教学具备完整的教育主体与客体。在构建"社会大课堂"的过程中，我们强调"以人民为师"的原则，这意味着教育主体不仅限于高校教师，还应广泛吸纳社会各界的参与。同时，高校教师和学生也可以在这个平台上互为教育客体，共同学习和成长。

第二，社会实践教学具有清晰明确的教育目标。我们提出"立鸿鹄志，做奋斗者"作为"社会大课堂"的核心育人目标，这体现了将个人理想与民族复兴的伟大目标相结合的理念。在"社会大课堂"中，我们鼓励学生将学习奋斗的具体目标融入民族复兴的伟大事业中，实现个人价值与社会价值的统一。这种将"小我"融入"大我"的思政课育人价值，不仅有助于培养学生的社会责任感和使命感，还能促使他们在实际行动中锤炼品格、增长才干。

第三，社会实践教学具备资源转化的能力。"社会大课堂"的教育主体能够将自然、无序、复杂且碎片化的社会环境转化为教育环境，从而在理论与实践的配合中搭起一座桥梁，使学生增进对校内课堂内容的理解与吸收，再将知识转化为自身内在思想行为。②

2. 社会实践教学过程契合思想政治教育的过程特征

任何课堂教学必须通过特定的过程实现，思想政治教育过程是教育主体在遵循思想政治教育规律的基础上，"有计划、有组织的教育影响，促使受教育者产生内的思想矛盾运动，以形成一定社会所期望的思想品德的过程"③。而社会实践教学过程契合思想政治教育过程规律和要求。

---

① 李伊沙. 论课堂要素结构的重要性 [J]. 湖南师范大学教育科学学报，2006（2）：121-122.
② 周艳红. "三全育人"视域下高校"大思政课"新格局构建研究 [D]. 南昌：南昌大学硕士学位论文，2023.
③ 陈万柏，张耀灿. 思想政治教育学原理 [M]. 北京：高等教育出版社，2015：132.

第一，在社会实践向课堂教学有机转换的过程中，能够更好地发挥思想政治教育内涵式、跨越式的教育影响。从课堂教育性质来讲，课堂自身蕴含着控制性、目标导向性、任务明晰性等内在特征。相较之下，一般环境虽能产生积极或消极的教育效应，却未能充分展现课堂的这些独特性，社会中无教育主体和"自发的、盲目的影响，都属于环境影响"。① 而社会实践活动凭借教育主客体的主观能动性，能够推动社会实践活动向课堂教学实现有机转化，并且课堂不再如过往局限于室内空间，而是促使课堂空间更为广阔。这表明，社会实践活动亦能够如同思想政治教育一般，发挥出积极且正向的教育作用。

第二，社会实践向课堂教学有机转换过程中，能够使教育主客体获得更清晰明确的目标导向。"高校学生参与社会实践虽然包括自发式参与和小组或集体式参与等不同参与形式，但任何实践活动都具有明确的目标导向。"② 师生在社会实践过程中是有着清晰明确的教学目标和任务的，而并非随意地体验社会生活。他们在明确的目标导向下，探索个体在社会和自身发展中的价值意义。这一实践情境为学生提供了一个完整的学习过程，包括感受问题、提出问题、作出假设、解决问题、验证假设以及得出结论六个关键步骤。因此，在"开展社会实践活动前明确实践目标，针对性开展各类实践项目，防止活动重形式、走过场，陷入实践锻炼效果不佳的窘境"。③ 在社会实践中若学生仅限于零散的、无深度的经历，那么社会向课堂的转换则将失去其应有的意义和价值。

第三，社会实践向课堂教学有机转换过程中，能够促进教育对象思想和行为的转变。学生能够利用实践活动去验证和巩固书本理论知识，且"社会实践活动的不断向前发展始终伴随着新思想、新理论的不断迸发、涌现"④，这一过程能够将原本零碎的观点整合为系统的知识，并且还催生了思想矛盾的解决和个体行为的调整。借助社会实践，学生得以亲身感受社会实际状况，实现课本中的理论知识与社会现象的直接衔接，进而增进对知识的理解及内化程度。此类直观的体验通常能够激发学生展开深度思索，促使其对问题的认知由表层向深层推进，构建出更为全面且成熟的观点。社会实践赋予了学生把所学知识运用至实际的契

① 陈万柏，张耀灿．思想政治教育学原理［M］．北京：高等教育出版社，2015：133.

② 丁浩，王婷婷．新时期高校学生社会实践实效性评价探析——基于过程评价的分析视角［J］．思想教育研究，2014（4）：77-79.

③ 李劲湘．系统观念视域下时代新人培育的三重向度［J］．河南大学学报（社会科学版），2024，64（1）：134-139+156.

④ 姚昊炜．学习贯彻习近平关于数据要素的重要论述［J］．上海经济研究，2024（1）：29-39.

机，令他们在处理具体问题的过程中磨炼并增强实践能力。这种"在实践中学习"的模式，能够助力学生迅速适应社会需求，成长为拥有实际操作能力的复合型人才。

3. 社会实践教学满足大学生研究性学习需要

研究性学习，源自建构主义学习理论，是一种以学生兴趣为出发点的学习模式。"在教师指导下，从自然、社会和生活中选择和确定专题进行研究，并在研究过程中主动地获取知识、应用知识、解决问题的学习活动"，[1] 这种学习方式体现了学习内容的实践性、认知过程的完整性和学习方式的探究性。大学生因其拥有相对趋于成熟的心智、扎实的专业知识储备、强烈的主观能动性、独立的思考能力，加之追求个人成就的内在驱动力，故而能够凭借所习得的知识与技能去对世界展开探索，并解决相关问题。这些因素共同决定了大学生在"社会大课堂"中的学习不再是简单的知识和技能重复，而是一种深入探究的研究性学习。社会实践教学与研究性学习理念高度契合，主要体现在以下三个方面：

第一，社会实践教学强调学习内容的实践性，与研究性学习注重知识应用的特点不谋而合。在社会大课堂中，学生不再是被动的知识接受者，而是成为真实社会活动的积极参与者。他们与高校教师一同探索研究方向，确定研究主题，选择研究方法，并最终解决问题。这种实践性的学习方式使学生能够将所学知识应用于实际情境中，实现学以致用。

第二，社会实践教学符合学生认知过程的完整性，与研究性学习强调知识建构的理念相一致。在社会大课堂中，学生以理解与迁移的学习方式，将原有的认知结构在新的学习情境中迁移。他们通过与社会和自然的互动，寻求人生的价值意义，完成从知识获取到理解、应用、分析、综合、评价的认知过程。这种完整的认知过程有助于丰富学生的知识储备，提升他们的认知能力。

第三，社会实践教学注重学习方式的探究性，与研究性学习培养学生的创新精神和思辨思维的目标相契合。在社会大课堂中，师生的关系更倾向于合作，他们以团队自主合作为组织形式，运用多样化的学习策略对信息进行深加工。这种探究性的学习方式不仅培养了学生的创新精神，还锻炼了他们的思辨思维，促进了个人智慧的增长。因此，社会实践教学与研究性学习的特质紧密相连，通过大学生的学、思、践、悟，党的人才培养理念及倡导的信念价值得以在"社会大课

---

① 《普通高中"研究性学习"实施指南（试行）》。

堂"中贯彻。这使"社会"真正成为思政课的课堂,而"社会大课堂"也成为高校人才培养体系不可或缺的重要组成部分。

综上所述,在社会实践教学中,思政教育与社会实践并非相互隔绝、相互排斥的,而是一个相互补充、相互促进、共同发展、协同育人的有机整体。事实上,社会实践作为实践教学的一类形态,能够与思政课加以融合,从而构成思政课社会实践;同样也能够和专业课结合,进而形成专业课社会实践;另外,凭借对专业课社会实践当中思政元素的深度挖掘,能够构建起课程思政社会实践。思政课社会实践、专业课社会实践、课程思政社会实践之间存在相互支撑、协同育人、共享发展的互动关系,这种内在联系和相互作用决定了"学校思政+社会实践"协同育人实践教学新模式构建的必然逻辑。

(二)"大思政课"格局下"高校思政"与"社会实践"教学功能的互补性

"社会大课堂"与"思政小课堂"在主体、形式、特质及预期效果等方面形成鲜明对照,二者内外联动共同回应时代关切、获得社会支撑,形成互通、互动、互补、互益,对立统一又融会贯通关系。[①] "思政小课堂"教学与"社会大课堂"教学是相互促进、辩证统一的关系。因此,实现"思政小课堂"与"社会大课堂"的相互结合是发挥思政育人最大效能的核心环节。

"社会课堂"的"大",一方面因为它根植于广阔复杂的社会背景,另一方面则是在与"思政小课堂"的比较中凸显其特色。尽管两者同为课堂形式,但在活动主体、课堂构建、教育内容和预期效果等方面却展现出鲜明的差异。在更深层的意义上,"社会大课堂"与"思政小课堂"共同构筑了思想政治教育体系的两大支柱。它们共同植根于思想政治课程的哲学基础,致力于学生的自我认知和成长,推动"大思政"的改革创新,以及实现"为党育人、为国育才"的宏伟目标。同时,这两大课堂在马克思主义理论与实践的相互印证中找到了共同的语言和行动指南。尽管两者在功能和形式上各有侧重,但它们并非孤立存在,而是相互依存、相互促进的关系。它们共同构成了支撑"大思政"格局的重要组成部分,缺一不可。因此,"思政小课堂"与"社会大课堂"的结合不仅是思想政治教育的内在要求,更是对思政课建设历史经验的系统总结。在新时代背景下,这种结合显得尤为必要和迫切,它是加强思政课建设、提升思想政治教育质

① 吴增礼,李亚芹."大思政课"视域下"社会大课堂"的多维阐释 [J]. 思想理论教育,2022,524(12):73-78.

量的现实需要。

1. 主体、特质、形式及预期效果等方面互相补充

相较于"思政小课堂"着重于马克思主义理论认知，"社会大课堂"更加注重马克思主义践行，旨在引导师生认知社会、解决问题、开阔眼界、淬炼能力与品行，从多个方面呈现明显区别。

第一，在课堂活动主体上互补。"思政小课堂"的教育主体为学校教师，而"社会大课堂"的教育主体构建则强调"以人民为师"的"大师资"理念，包括学校教师、校内其他教育工作者，以及能够承担"社会大课堂"实践活动组织、指导职责的社会成员、机构甚至学生。前者将广阔的社会作为舞台，激励学生迈出校园，成为社会实践的踊跃参与者；后者则着眼于校园内部，借助理论讲授和案例分析，引领学生进行深度思考。

第二，在课堂特质上互补。"社会大课堂"强调思想政治教育的实践性，突破了"思政小课堂"的狭隘空间。"社会大课堂"具有内容生动丰富、形式直观多样、影响广泛等特征，通过社会实践能够帮助大学生充分地理解、认识甚至深化理论，从而推动教育主体认知水平的发展。①

第三，在课堂形式上互补。"思政小课堂"主要依托班级建制，进行系统的课堂教学活动。相对而言，"社会大课堂"则展现出更为灵活多变的组织形式。除了常规的班级教学活动，"社会大课堂"还可以灵活组织个体自主学习、小组研讨，甚至推动跨专业、跨学院、跨学校的团队合作，丰富了教学手段，进一步增强了教育的实效性。

第四，在课堂目标及预期效果上互补。"思政小课堂"的核心在于理论知识的传授与认知培养，而"社会大课堂"则更侧重于将理论知识转化为实践行动。通过"社会大课堂"，学生能够更好地实现"政治社会化"，融入社会，积极参与公共生活，改造社会，并在这一过程中实现自我价值。这种转变不仅增强了学生的学习独立性，还提升了他们的自我效能感，促使他们在知识、情感、意志和行动等方面实现质的飞跃。因此，这种互补性确保了从"思政小课堂"的理论教学到"社会大课堂"的实践应用的顺畅过渡，使思想政治教育过程更加完整和全面。

---

① 梁珊，张云龙. 新时代高校思想政治教育实践教学证成的三重逻辑 [J]. 湖北社会科学，2021（1）：163-168.

2. 内外联动，回应时代关切，获得社会支撑

"社会大课堂"与"思政小课堂"实现内外联动，把理论知识有机融入社会实践之中，积极回应社会热点问题及时代的关切要点。学生离开教室，在社会实践中深度推进思政学习，获得了社会的广泛认同和有力支持，携手培育符合时代需求的新型人才。

第一，形成了校内外教育的有机联动。一方面，通过实践活动与"思政小课堂"的有机结合，"社会大课堂"作为一种延伸至社会领域的思政课形态，起到了贯通作用。在这种联动中，师生可以深入"社会大课堂"，通过实践感悟世界，将个体经验融入集体认同，从而更好地内化"思政小课堂"的理想信念、价值观念和理论方法。另一方面，"社会大课堂"也弥补了"思政小课堂"在环境和内容上的不足。它利用了特定社会环境资源，如革命历史场馆、网络平台、工厂企业等，为思政课提供了更广阔的教学场域，有效地弥补了课堂环境上的短板。同时，"社会大课堂"注重实践活动的问题导向性，将"活"的时代问题纳入教学内容，有助于解决"思政小课堂"内容脱离实际等问题，从而更好地满足了学生的学习需求。

第二，回应时代关切、满足社会发展需求。一方面，"思政小课堂"需要借助"社会大课堂"回应当前时代的关切。法国社会学家涂尔干指出：塑造社会我，这就是教育的目的。① 这意味着年青一代需要在特定的社会环境和实践中获得系统的社会化。为了更全面、准确地理解中国特色社会主义的新理念，学生需要深入参与"社会大课堂"，从而更客观地体察社会经济发展、城市治理、民生共享、生态环保以及科技创新等关键领域，并深化对中国特色社会主义道路、理论、制度和文化的认识。另一方面，"思政小课堂"也需通过"社会大课堂"满足当前社会的需求。参与"社会大课堂"为大学生实现青春梦想提供了途径。"时间之河川流不息，每一代青年人都有自己的际遇和机缘，都要在自己所处的时代条件下谋划人生、创造历史。"② 大学生在"思政小课堂"中激发的理想，只有融入时代的潮流，置身于不断变化的社会变迁中，并通过"社会大课堂"参与社会实践，才能真正领悟以人民为中心的思想，自觉地将自己融入中国特色

---

① 涂尔干. 教育及其性质与作用［A］//国外教育社会学基本选编［C］. 张人杰，译. 上海：华东师范大学出版社，1989.

② 习近平. 青年要自觉践行社会主义核心价值观——在北京大学师生座谈会上的讲话［N］. 人民日报，2014-05-05.

社会主义事业的伟大实践中，将 "爱国情、强国志、报国行" 转化为当代青年义不容辞的共同行动。

第三，将 "社会大课堂" 转变为 "思政小课堂" 需得到社会的广泛支持。教材中所呈现的是教学的基本结论，而要将理论知识灌输给不同类型的学生并使其接受，"需要做很多创造性工作。要在教学过程中进行多样化探索，通过多种方式实现教学目标。"① 社会大课堂的引入，为思政课的教学过程和教学方式的多样化提供办法支撑，具体而言体现在以下几方面：首先，高校思政教育的提质增效需要社会的支持。教材的单一性难以达到理想效果，因此，思政课教师需要参与社会实践，积累实践经验。同时，高校需要吸引社会各界的高水平教师和兼职教师。其次，"思政小课堂" 需要丰富的社会素材和资源。课堂涉及多个领域，需要不断开发和运用社会资源，将热点问题、模范人物和典型案例引入课堂。最后，"思政小课堂" 中的论题需要在 "社会大课堂" 中得到验证。教师应当深度阐释涵盖深层次理论与实践的敏感性问题，切实实现理论与实际的有机融合，助力学生化解重大的理论与现实难题。

总的来说，理解 "社会大课堂" 的教育属性和内在价值，并明确其与 "思政小课堂" 的相互关系，有助于更好地挖掘思想政治教育的要素和资源。因此，有效构建 "社会大课堂" 将有助于提高大学生思想政治教育的针对性、亲和力和有效性。

（三）"大思政课" 格局下 "高校思政" 与 "社会实践" 育人价值的相通性

在育人价值方面，无论是校内思政课程还是社会实践活动，都具有相同的育人价值导向，在立德树人的目标和内容中存在相互贯通、融合的契合点，实现思政课解决现实问题和诠释教学内容的重要价值。"社会大课堂" 是高校师生强本领长才干、"大思政" 改革创新以及高质量培养人才的必由之路。

马克思主义本身就是实践的学问，教育理论要在实践中寻找答案和落脚点，解决基础体系的问题，要在实践中实现教学反思，理论教育使实现教书育人的实践具有更加丰富的本体内涵，离开思维的实践，本身就具有片面性；离开实践的思维也陷入了抽象空洞的思辨游戏之中。因此，高校思政课理论课和社会实践课本来就是一体两面，思政课面向不同的领域，面向课堂则体现在理论教学领域，面向实践则主要体现在社会领域。相比而言，思政课堂的理论内容是相对固定

---

① 习近平. 论党的宣传思想工作 ［M］. 北京：中央文献出版社，2020：385.

的、单一的，而思政课堂在社会实践当中的融入的机制，则体现了时代性、现实性、整体性，有更加丰富的思政元素可以挖掘。通过"大思政课"建设科学的机制，能够有利于将思政课理论的系统性与社会实践的丰富性进行有机的结合，为思政课建设走深走实、寻找新的创新路径提供科学支撑，是思政课建设实现创新发展的重要增长点，有利于思政课在理论上加大深度，在实践上更加具有生命力。

1. 师生本领才干和自我改造能力的提升

教育部印发的《高等学校思想政治理论课建设标准（2021年本）》明确指出，"社会大课堂"要"突出实践教学，将生动鲜活的实践引入课堂教学，将课堂设在生产劳动和社会实践一线，全面提升育人效果"。高校师生应充分发掘和利用丰富的历史文化资源、尖端的科技创新资源、紧贴时代脉搏的发展资源以及充满活力的社会实践资源，以不断提升个人的知识水平、实践能力和综合素质，实现自我超越和精神升华。借助"社会大课堂"这一实践平台，学生得以在实践中开展学习，在学习时付诸实践。此种模式不仅激发了学生的学习兴趣和积极性，而且提升了他们的获得感与满足感。尤为关键的是，这一平台给予当代青年契机，使其能够亲身见证人民群众于创造历史进程中的主体地位。他们运用所学的专业知识和技能为人民群众化解实际难题，同时传播马克思主义理论，进而在与人民群众的紧密关联之中培育出"我将无我，不负人民"的崇高情怀。通过社会大课堂的锻炼，思政课教师和在校大学生，仅在课堂中学习思政课是远远不够的，一方面能力得不到锻炼；另一方面知识无法得到深入的解答。打破枯燥的书本理论教学灌输，唯有形成实践性知识。这也有利于师生在实践中更好地理解马克思主义和党的方针政策，体现真学、真干的本真内蕴，在现场实践中获得对理论的真切感受，树立正确的价值观，实现主观感受变成客观认同的转变，在学习中认识世界、改造世界，确立正确的责任观。

2. 推动高校思想政治教育改革创新

全面提高思政课的亲和力、吸引力和针对性，继承和发扬中国共产党理论联系实际、密切联系群众的优良作风，让学生从广阔的历史和现实环境中汲取养分，通过亲身经历扫除认知盲区，用发展成果解答学生思想困惑，用社会问题激发学生思考，有效破解"思政小课堂"面临的问题，促进思政课价值性和知识性相统一，促进思政课理论性和实践性相统一。需针对各异的实践场所，灵动地对各类资源加以运用，谨遵因地制宜、因时制宜、因材施教的准则，以此保障思政课程的统一性与多样性达成协调状态。通过促使学生全方位地体验观察者、学习者、执行者、策划者以及生产者、消费者等多重角色，能够充分彰显学生的主体性，从而达成思政课程的主导性与主体性的融洽统一。在真实的情境中，学生将会习得发现问题、剖析问题和思考问题的能力，并构建出自身的独特见解，这有益于推动思政课程的灌输性与启发性实现有机融合。"社会大课堂"的课堂特质、要素需求及组织形式必然要求拓宽思政课的活动场域，调动多元主体力量，挖掘一切可能的教育资源，使思想政治教育、学科专业教育、劳动教育、科研学术、社会实践、学生管理与服务等方面工作，乃至学生党员、团员教育和管理工作统一于"社会大课堂"，最终形成育人共同体，有效破解思政课理论与实践脱节、思政课与专业课脱节、教育主体之间缺乏互动协作的问题，推动校内校外、不同课程、多种实践同向同行，形成"三全育人"协同效应，促进思政课显性教育和隐性教育相统一。

3. 培养社会主义建设者和接班人

在回答"培养什么人""为谁培养人""如何培养人"的问题时，我们需要考虑德智体美劳的全面发展。

一方面，我们要加快落实"为党育人、为国育才"的崇高使命。通过"社会大课堂"，我们可以创新和拓展育人的主体、路径、载体和方法，为大学生提供社会实践的平台和机会。这个生动的课堂有助于启迪大学生的智慧，润泽他们的心灵，引导高校师生实现教学相长、知能并进。在这个过程中，大学生可以锤炼出想干事的思想觉悟、能干事的能力本领、敢干事的勇气魄力以及干成事的过硬素质。这将进一步提升他们灵活运用马克思主义的能力，增强服务人民群众的本领，增长才干和自我改造的能力，为成长为国家和民族的栋梁之材奠定坚实的基础。另一方面，我们要巩固社会主义意识形态阵地。高校作为党和国家意识形态工作的前沿阵地，其思想政治工作是学校一切工作的生命线。高校师生是意识形态争夺的主要对象，同时也是面向社会开展意识形态斗争的重要力量。在"社会大课堂"的实践中，个体的理想、信念、情怀得以具体对象化，这反映了参与主体的价值判断和价值选择。在这个课堂中，教育的主客体在相互影响的同时，也对课堂之外的社会成员和组织产生影响。

第三节 "大思政课"背景下"高校思政+社会实践"协同育人

伴随着我国教育事业现代化步伐的不断迈进，以及国家思政课建设改革政策方针的有力部署与切实落实，当下"大思政课"建设的政策理念已成为连接高校和社会两大场域、共同达成思想政治教育功能的关键纽带，肩负新时期立德树人的重要职责与使命。受制于多种因素的限制，传统思政课教学模式往往过于注重理论知识的传授，却忽视了实践教学，尤其是社会实践环节的关键意义，以致未能充分释放学校和社会协同育人的积极效能。为了更好地培养具有创新精神与实践能力的卓越人才，务必将校内思政与社会实践予以有机融合，构建协同育人机制。基于此，本节对校内思政与社会实践相结合的有关概念及其必要性展开探讨。

一、"高校思政+社会实践"协同育人

理论源自现实，一切理论问题的产生，本质上都是源自实践的探索。将理论问题置于现实的社会实践中，能够"不断将实践中的矛盾转化为理论上的问题和思想上的突破"[①]。作为立德树人的关键课程，思政课的讲授不能脱离社会实践而独立进行，必须坚持理论与实践相结合的原则，通过社会实践教学培养大学生政治素养及其他综合素养的全面发展和提升。基于此，对"大思政课"背景下"校内思政+社会实践"协同育人的科学内涵和特征进行分析界定，厘清两者内在的逻辑关系，有利于进一步打破传统思政课教学在内容和讲授方式方面的局限性。

从协同育人的功能属性来讲，"大思政课"背景下的思政课建设在社会实践领域重点强调个人公共生活与社会多部门合作的实践教学意蕴，主张建立融合社会教学资源和个人社会实践相结合的系统性机制。在科技迅猛更迭、社会发展节奏持续提速、世界格局变幻莫测的大背景之下，社会媒体资源对于思政课建设所

---

① 马克思恩格斯选集（第1卷）[M]. 北京：人民出版社，1995：6.

发挥的重要影响作用不容小觑。"大思政课"不仅涵盖公共生活当中的社会实践场域，而且与公民个人在社会生活中的真实体验密切相关。为此，"高校思政+社会实践"的协同育人机制，注重对整个社会生态的资源运用，在知识传授中更加注重对理论知识之外的实践性知识的开发和利用，也注重对政治、经济、文化资源，以及国内外时政资源的获取分析和有效运用。

（一）协同育人

作为一种特定的育人理念和方式，"协同育人"一词具有特定的教育内涵和意蕴。质言之，协同育人的本义可以理解为由多个教育主体进行协同合作，共同完成教育育人任务之意。《辞海》也将"协同"解释为同心合力、互相配合之意。在这个意义上，"协同"可以理解为两个或多个主体为了合作完成同一教育目标而进行信息的共享和行动的链接；"育人"意味着教育、培养人才，即对受教育者进行知识、能力、品德教育，培养符合社会发展和需要的知识技能人才。"协同育人"这一概念的范畴得以拓展，其内涵可延伸理解为在特定的系统当中，多个主体彼此协作配合，共同承担对受教育者的育人责任。

协同育人理念源自德国物理学家赫尔曼·哈肯在20世纪中期提出的协同学理论。[1] 赫尔曼·哈肯认为，系统内的子系统之间既存在相互协作的关系，又存在相互孤立的关系，这种特殊关系衍生出了协同作用和整体效应。[2] 以协同学理论为指导，人们开始从协同的角度上关注教育问题，并尝试在协同教育、协同管理、协同科研三个方面来满足当时社会对教育的需求。但是，当时学界并没有就协同育人的理念达成共识，主要有两种不同的解释：一部分学者将协同育人看作促进培养对象进行系统学习和交流互动，从而提升整体技能水平的技能培养过程；另一部分学者则是把协同育人看作将具有一定知识技能水平的培养对象进行系统化再教育的教育组织方式。[3]

从教育的角度而言，协同育人具有多元性、综合性、复杂性等特点，具体可以从以下几方面进行阐述：首先，教育主体的多元性。协同育人由多个教育主体共同实施，包括但不仅限于学校、老师、家庭、科研机构及社会组织等。各主体

① 赫尔曼·哈肯. 协同学：大自然构成的奥秘 [M]. 上海：上海译文出版社，2005：92-104.

② 李秀芳，王鑫. 高校思想政治理论课教师与辅导员育人协同机制研究 [J]. 思想政治课研究，2016（4）：46-50.

③ 董秀娜，李洪波. 高校"三全育人"协同机制构建研究 [J]. 思想教育研究，2020（8）：148-152.

相互协调、优势互补，形成优质的协同育人网络。其次，教育目标的综合性。协同育人要求各类教育主体实现教育资源的共享，达成资源的互补与交流，构筑一体化的教育平台；倡导破除学科的界限，促进跨学科教育及跨领域合作，构建具有开放性、合作性的教育模式。最后，就教育对象的复杂性而言。协同育人的教育对象为学生，然而并非局限于某个特定年龄段的学生。协同育人的系统架构涵盖了整个学段，面向不同年龄的学生，主张依据不同受教育群体的成熟程度和心理特点，有针对性地开展全过程育人工作。

在协同育人理念指导下，学校从单一化、封闭的办学模式转变为合作办学和开放办学，使育人主体以教育为核心目的，在同一系统中实现资源共享和信息交互。协同育人的价值主要体现在以下几个方面：第一，提高教育质量。通过各主体之间互相配合的协同育人的方式，以提升学生学习兴趣和满足学生学习需求为导向，从以更加全面的角度，体现以人为本的原则进行全面化、全程化、个性化的教育指导和帮助，从而提高教育的质量。学校应当强化与家庭之间的信息交流及沟通机制。如此一来，家长能够实时掌握学生的学习情况，携手共同关注学生的成长进程，并及时察觉和处理各类问题。第二，促进教育公平。协同育人可以促进教育资源的共享和优化配置，通过促进城乡各部门的资源互补和有效协作，建立技术、资源、平台相结合的跨区域、跨群体的育人共同体系统，为学生提供更加系统性、均衡性的优质教育服务，促进教育公平的有效和全面实现。第三，促进人的全面发展。协同育人可以为学生提供更为广阔的成长空间和平台，有利于培养德智体美劳全面发展的人才。[①] 在学校习得的知识可以运用到实践中，在实践中获得的经验又可以弥补书本知识的不足，二者相辅相成，促进学生的全面发展。

（二）"高校思政+社会实践"协同育人

从新时期思政课建设的现实背景出发，校内思政和校外实践教学共同构成了协同育人的总体格局。"校内思政+社会实践"协同育人，即有效组织校内外各方在互相配合的基础上，实现育人理念、育人资源、育人课程、育人方式等方面的优势互补和整体协同。协同育人的实施，其核心在于突破思想政治教育主体单一的局限，提升各主体内部协作效率，加强学校与各主体的协同。高校思想政治

① 赵睿．协同理论视域下推进高校党团组织育人工作的思考［J］．思想教育研究，2018（12）：105-109.

教育协同育人，正是在协同理念的指导下，依托高校自身的教育特色，将高校育人模式从单一性运行延伸为校内外联动的立体化育人模式，联动各主体形成和谐的互动关系，进而推动"立德树人"根本任务的完成。高校思想政治教育以中国化、时代化的马克思主义为指导，通过多种形式的教学活动，有效传递当代马克思主义理论和科学社会主义核心价值观的精神内核，将协同育人理念融合其中，通过社会实践、校企联合等方式，加深学生的学习感悟，更好地回应社会发展的需要。因此，在把握协同育人内涵的基础上，有效将校内思政与社会实践二者结合，是顺应时代之变、满足理论之需、切合实践之要的有效路径。质言之，"校内思政＋社会实践"协同育人作为一种"大思政课"教学的新理念和新思路，具体而言有以下几个特点：

一是系统性。"校内＋校外"协同育人是多要素构成的有机整体，有利于促进整个社会的思政要素相互作用，扬长避短，共同参与高校思政课建设中构建一体化的教育机制。高校思想政治教育协同育人工作的完成，要从大局出发，统筹全局，将各种因素串联起来，使其整体育人功能得以充分发挥，确保达到协同育人的实效。

二是互动性。互动性是高校思想政治教育协同育人必不可少的关键性特征。在协同育人的进程中，各个主体构成了相互有机链接、贯穿彼此的动态系统。各要素通过高效的协作与互动，最大限度地发挥思想政治教育的功能，增强思想政治教育的实效性，进而达成协调统一之态，于育人过程中进行互动，在互动之中达成育人之目的，最终实现育人的目标。

三是动态性。高校思想政治教育协同育人工作并非一成不变，其内部各要素极易受内外部环境影响，持续发生动态变化。鉴于此，我们需依据现实状况的变化，具体问题进行具体剖析，对协同育人的路径与方法予以适时调适，理性研判协同育人工作的推进情况与成效。依循不同情境，施行相应举措，促使其充分发挥各自效用，达成各要素协调共存之目标。

综上所述，大思政需要大格局，大格局需要大机制，构建多主体互相配合的机制能够保证立德树人根本任务的推行。高校协同育人培养模式是立足于时代担当、勇担其格局气魄，在现有思政课堂育人优势充分发挥的前提下，不断完善思政教学体系，优化思政协同育人格局。"立德树人"是一个长期性、复杂性和全面性的系统工程，高等学校作为立德树人的主战场，必然需要构建高校思想政治教育协同育人的机制。当前，思政课堂仍是传播主流意识形态的主阵地，应通过行之有效的方法对学生的头脑和心灵进行主流价值观的熏陶，以"三全育人"为原则，建立更加全方位和具有包容性、互通性的协同育人教育体系，结合新技术和新理念，对思政课教学手段进行系统性、创新性的优化。高校与社会协同育人机制的建立能够推进正确的价值观的传播，在错综复杂的舆论中使马克思主义意识形态占据主导地位，加强当代大学生对主流意识形态的认同，从而使"大思政课"获得理想的育人效果。

二、"高校思政+社会实践" 协同育人机制

构建"校内思政+社会实践"的协同育人机制，可以将校内理论知识与校外实践活动相结合，优化思政课的教学效果。这种机制需要校内思政与社会实践相互配合，形成有机统一的整体。"校内思政+社会实践"的协同育人机制是提高学生综合素质和社会责任感的有效途径。因此，明确该部分的相关概念是构建好"校内思政+社会实践"的协同育人机制的关键所在。

（一）协同育人机制

所谓协同，在《辞海》中解释为"同心合力，互相配合"，是指"各方互相配合或一方协助另一方做某件事情"。在协同过程中，不同个体抑或组织凭借合作、协作的方式，齐心协力达成一项任务或者实现一个共同的目标。各方彼此配合、彼此支持，共同施展优势，以此获取更优的成效。协同着重突出的是团队合作所蕴含的力量，经由协同能够汇聚各方的力量，达成共赢的局面。思政课与社会协同育人的科学内涵在于，在党委统一领导以及党政齐抓共管、有关部门各司其职的基础之上，对社会思政教育资源加以整合，并依据各学段思政课的课程目标与课程内容，汇聚社会各方力量，彼此协作、协同共进，从而达成思政课立德树人的根本目标。

从词源学的角度阐释，"机制"一词可解释为事物的机理和规制，也可意指系统中各元素相互作用的过程。具体而言，机制也可理解为一种特殊的模式，指将事物的内在要素和组成部分进行科学的组织协调，从而更加有效地发挥系统性作用的运行模式。在通常情况下，机制的引入是为了更好地协调各元素之间的关系。协同育人机制，即把各育人主体和要素统筹优化到某一系统内，以各主体之间的良性互动促进思政教育的有效实施。这一机制强调各类课程教师的育人职责，通过教育教学全过程，将思政教育与专业教育、实践教育有机结合，达到全

员育人的目的。① 以机制贯通协同育人的具体实践，建立协同育人机制有效统筹各要素良性互动，是提高教育水平和完成教学任务的有效途径。

（二）"高校思政+社会实践"的协同育人机制

"校内思政+社会实践"协同育人机制，就是将建立科学机制的原理引申到高校思想政治教育协同育人的范畴，形成校内思政教育活动链与校外社会实践活动链既相互贯通形成体系，又相互联系的合力；并以辩证育人视角，挖掘思政教育的社会资源，实现育人工作的协同发展。此机制着重突出各类教育主体的育人职责与效用，借由教育教学的整个流程，把思政教育和实践教育予以有机融合，以实现全员育人的目标，深入探寻校内和校外协同育人的崭新模式及全新路径。将思政小课堂融入社会大课堂，依托主渠道与主阵地增强思政课的理论说服力和现实影响力，形成多主体参与、多渠道作用、多场域影响的协同育人机制。这是全面落实立德树人根本任务的内在要求，也是做好青年学生思想工作的现实需要，是基于问题导向的应对措施和发展路径。

1. 关于"校内思政+社会实践"的协同育人机制的特征

"校内思政+社会实践"协同育人机制将多要素集合于同一个系统中相互作用与运行，所以该系统具有系统性、互动性和动态性等特点。首先，系统性是指"大思政课"协同育人机制是不同育人主体组成的复杂体系，通过机制的建立能够促进体系内各育人主体的协同与配合，达到平衡、完整的良性运行状态，实现育人目标的最优化。该机制通过构建起一整套完备且层次清晰的教育框架，有力保障了各要素的有序衔接和深度融合。不仅在课程设置方面着重理论与实践的有机整合，而且在教学管理、资源配置、评估反馈等每一个环节均达成了无缝对接，塑造出一个结构缜密、功能齐全的教育生态系统。此种系统性不仅强化了教育的整体功效，还为学生营造了全方位、多视角的成长环境。其次，互动性是指在高校中，如果只靠单一主体进行思想政治教育，很难取得理想育人成果，各育人主体并非静态孤立的，而是相互关联的，需要将各育人主体队伍有效整合，创新思想政治教育协同育人的方式方法。其激励着学生、教师及社会各界展开广泛的交流与协作，构建起了一种多向互动的教育态势。学生不但能够于课堂之中和教师进行知识的传递及探讨，而且还能够在社会实践中同社会各界人士相互作用，把所学的理论运用到实践当中，同时自实践里获取新的知识和经验。此种互

① 王婧菲. 高校课程思政协同育人机制的构建［J］. 才智，2023（36）：37-40.

动性不但推动了知识的共享与创新，也培育了学生的沟通能力、团队合作精神以及社会责任感。最后，动态性是指各育人主体保持动态的运行方式，用变化发展探究其运行方式和过程，"大思政课"协同育人机制应主动适应时代变化而动态调整优化。在急剧变化的社会环境以及持续演进的教育需求面前，协同育人机制能够依循时代的发展进程以及学生的真实状况，适时对教育内容与教学方式予以调整，保证教育内容与时代发展保持同步，并与学生的需求相互契合。与此同时，该机制关注并支持学生的个性化发展，激励学生依照自身的兴趣及特长选定契合自身的发展方向与实践路径。这种动态特质不但确保了教育的时效性与针对性，更为学生的全方位发展搭建了广阔的平台，并赋予了无限的可能。

2. 关于"校内思政+社会实践"的协同育人机制的目的

在新时代背景下，建立"校内思政+社会实践"协同育人机制的目的在于将课堂知识和实践经验相结合，将已有思想政治知识借助社会实践教学进行机制化建构，形成新的思想政治教育理论知识，最终获得全环境、全过程、全要素的立德树人效果。通过深度融合思想政治教育与社会实践活动，此机制不但深化了学生对思政理论的领会，而且引导学生将所掌握的理论知识运用至实际生活，强化其社会责任感与使命感。社会实践作为理论学习的延展与校验，能够促使学生于真实情境中体悟社会、洞悉国情，培育其解决问题、团队协作以及创新思维的能力。培养全面发展的时代新人，完成思政课立德树人的根本任务，正是需要这样一个系统性、全方位的培养机制，并坚持以协同思维为指导，以思政课程为中心，整合课内与课外、校内与校外的育人资源，调动所有育人主体的积极性，最大化地发挥合力育人的效应，形成校内校外相结合的协同育人机制。

3. 关于"校内思政+社会实践"的协同育人机制的模式

"校内思政+社会实践"协同育人机制的有效实施需要依托良性的运行模式。运行模式是组织发挥好其功能和作用的关键因素，对于提高运行效率、优化资源配置等方面都具有重要意义。"大思政课"协同育人机制运行模式主要包括以下三个方面：

（1）思政课堂：塑造社会价值观的重要模式。

高校思想政治理论课是社会体系演化过程中的一个重要环节，它与社会系统其他子系统存在着交叉和并行关系。思政课系统的运行系统由教学主体、学习主体、设施场景等多种要素构成。首先，以学校小课堂为实施空间。思政课教育虽不局限于传统课堂，但仍把课堂作为主要教学空间。课堂虽小，却是学生关心社会生活、把握国际形势、关切时代脉搏的关键窗口。其次，以思政课老师为教学主导开展思政课堂的设计和实施工作。思政课教师在实践中肩负着对各类信息甄别、筛选、分析、完善和转化的职责，从而有的放矢地进行立德树人、思想引导，培养大学生正确的政治认同观念，最后，以"引社会入思政"为主要方式。思政课教师可以充分利用社会生活的真实案例和先进典型，挖掘教学资源的内核，以思政化的方式呈现给学生。思政课自运行模式的优势体现为，需充分借助思政课与社会的桥梁作用，将思想政治理论课教师视作纽带，充分发挥其育人效能。筛选出对学生具有积极效用的成果，切实抵御社会劣性运行所产生的副作用的侵蚀。

（2）社会课堂：引领社会价值观的实践模式。

在教学实践过程中，思政课堂与社会实际亟须结合的客观现实与学生迫切需要知行合一的主观需求相匹配，这些都是思政课延伸到课堂以外的表现，这就要求思政课系统与社会其他子系统进行资源交流与联动运作。要构建出思政课堂与社会课堂协同运行样态，要注意以下几个方面：一是以社会大课堂为教学空间。思政课在教学过程中，可结合教材内容，设置志愿者服务、社会调查等模块，将社会情境转化为可实施的思想政治教育。通过真实的社会场景，可以增强学生的浸润感，学生可以对理论解释的准确性和有效性进行强有力的检验，弥补理论教育缺乏实践的不足。二是以育人共同体为教学引导。在社会大课堂中，教育者不是单一的，在教学任务和教学过程的动态变化下，会出现适应于不同教学情境的不同层次育人主体，与教师构成互鉴互融的育人共同体。三是以"引思政入社会"为教学方式。将学校小课堂和社会大课堂相结合，在思政课教学中注入社会时政，引导学生通过具体案例解读理论知识，丰富学生的学习体验。①

（3）共建共育：社会与学校协同育人的新模式。

社会与学校协同育人乃是一个颇为复杂的融合进程，其核心要点在于社会的良性运行逻辑与个人的精神思想领域成长呈现一致性。高校思想政治教育形式多样，如何使其更高效、更多元地与社会实践相结合，是亟须深入探索的问题。思想政治教育的观念、要素、内容与社会生活的融合是一个不断渐进的过程。社会运作中的主流价值体系对思政教育产生重要的影响，从而促使双方结合运行的育

① 代玉启，李济沅．新时代高校"大思政课"建设理路创新研究——以社会运行为主要视角［J］．马克思主义与现实，2022（6）：132-138.

人价值达到最大化,具体可以从以下三方面展开:一是育人空间全域化。在社会空间中,开展实践活动的任何场域,都可以成为思想政治理论课的实践空间。也就是说,只要是青年学生集聚的地方,都有可能成为思想政治课教学活动的潜在场所。二是育人主体全面化。教育是一种社会活动,与学生有直接或间接联系的个人或组织,都有可能在特定情景下扮演育人的角色,呈现出育人主体全面化的趋势。三是育人方式社会化。系统的正常运转需要内外多种要素互相协同才能实现有序运行。思想政治课亦然,它既不是也不能封闭孤立。① 在这个过程中,思政育人空间与社会运行空间相互交流、相互贯通、相互建构。由于教育内容与社会实际紧密结合、相互影响,因此具有较强的感染力,同时还能起到教育效果和社会治理的双重作用。

总体而言,以上这三类运作模式依据各自的运作诉求与目标,为"校内思政"与"社会实践"的合作教育机制搭建了横向与纵向的沟通交流桥梁。其中,思政课自运行系统是指在思政课汲取良好的社会运作成果,以实现课程资源的扩展为理论夯实基础,是思政课体系运作的初始阶段;"思政小课堂"和"社会大课堂"的联动运作是思政课系统运作的中间环节;思政课系统的协调运作,目的在于使思政课和社会各个体系建立起双向关系,这是其运作的一种高级形态。三种运行模式既相对独立又相辅相成,能够最大化发挥联动作用,实现协同育人功能的最优化。

三、"大思政课"背景下"高校思政+社会实践"协同育人机制

"大思政课"意在建立一个完善的思政育人共同体,其教育主体应具有广泛的社会参与性,应由众多具有不同类别属性和能够发挥不同功能的教育主体组成。各个教育主体所涵盖的范围极为广泛,由此致使此机制彰显出层次性的特点;而不同层次之间的相互作用,又让本系统展现出了系统性的特质。在"大思政课"的时代背景下构建"校内思政+社会实践"协同育人机制,可以有效促进思政小课堂和社会大课堂资源互补,发挥相得益彰的协同育人功能。

(一)"大思政课"背景下"高校思政+社会实践"协同育人机制的层次逻辑
"大思政课"背景下"高校思政+社会实践"协同育人机制的建立,秉承着

---

① 代玉启,覃鑫渊.基于运行的思想政治教育理论体系建构初探 [J].河海大学学报,2021,23(5):48-53+66.

全领域、全过程、全对象的"三全"育人的主要理念。鉴于该机制在复杂性与全局性方面的特质，从层次性的视角对其构成予以剖析，以确保各关键环节得以有效施行与落实，并能够有的放矢地化解实践中的问题，具有重要的现实意义。所谓层次性，即事物在功能或结构上具有的层次区分和层次之间的相互关联。"大思政课"系统具有复杂性，其系统内部也存在层次性，这需要对"大思政课"的教学实践内容和教学标准体系进行系统性设计。《中共中央办公厅、国务院办公厅关于进一步加强和改进新形势下高校宣传思想工作的意见》指出，强化社会实践育人，系统设计实践育人教育教学体系，分类制定实践教学标准。[①] 其中，各高校以立德树人的价值导向和相关育人要素为依据，建立具有丰富层次性的"大思政课"协同育人机制；通过多措并举的方式，制定符合实际情况的社会实践教学标准，加强学校、社会、家庭之间的有效协同配合，以更好地实现全领域育人、全过程育人和全要素育人的目标。概言之，"大思政课"协同育人机制的层次性主要体现在以下三个方面：

（1）"个人与学校"的层面。实现人的感性认识与学校的理论知识之间的有机联结需要搭建特定的桥梁。"大思政课"背景下个体层次和学校层次的协作，即把个体人生叙事与思政课程叙事有机融合在一起，以此为基础投身于社会实践中，该机制赋予个人更多实践体验的空间。经由有序的规划安排，促使教育对象个体的感性需求与学校的理论自觉借助现实案例及理论加以融合，能够更进一步推进受教育者所接纳的理论知识实现升华。"大思政课"协同育人机制所主张的社会实践维度是增强实干精神的重要支撑，脱离社会实践维度，思政课教学只能停留在知识和语义的层面。通过实践体验，促使学生更加深入感悟课堂教学中的理论知识。实现理论和实践的统一，促进学生的全面发展，是"大思政课"协同育人机制的关键目标。

（2）"个人与社会"的关系。思政课以受教育者所处社会生活为背景进行知识传授，因此，社会生活实际更容易被作为教学资源纳入思政课的教学过程，以此建立起教学对象与思政课程之间的关联性。[②] 需要注意的是，尽管思政课教学侧重于社会生活的微观层面，但这并不表示社会生活里的所有细节均能够充当思

① 教育部关于推动高校形成就业与招生计划人才培养联动机制的指导意见 [J]. 中华人民共和国教育部公报, 2018（Z1）：54-56.

② 许瑞芳, 纪晨皓."大思政课"视域下思想政治理论课教学的社会生活省思 [J]. 思想教育研究, 2022（4）：104-109.

政课的教学素材,教育工作者有必要对其过滤与筛选,以获取优质的教学内容。在此过程中,针对融入思政课教学的社会生活内容及素材的选取,应当具备鲜活的社会叙事特征,这便要求教育工作者务必要设身处地,将学生所关注的社会问题当作出发点来择取教学资源,达成"微而不碎"的目的,更进一步强化学生个体与社会生活之间的联结,进一步提升思政课的亲和力与感染力、针对性与实效性。

（3）"社会与国家"的范畴。社会的发展不仅关系到个人的利益,也关联着国家的命运。"大思政课"理念的提出,是面向世界百年未有之大变局背景下的时代之问与"两个一百年"的奋斗目标的社会语境,具体包括历史事件、典型历史人物事例、社会事件或社会热点、中国特色社会主义建设中的成就与挑战等。[①] 宏大叙事背景下的社会生活展现的是凝聚社会精神内核的具体实践活动,社会层次与国家层次不可分割,互相依托,共同为思政教学提供了现实语境和鲜活素材。

（二）"大思政课"格局下"高校思政+社会实践"协同育人机制的系统逻辑

"大思政课"格局下的协同育人机制强调校内、校外两种资源统筹协调,推进学校教育和社会教育深度融合。[②] 强调理论教育与价值升华结合,以开放视野丰富思政课教学形式与内容,优化配置教育资源,通过"鼓励党政机关、企事业单位等就近与高校对接",[③] 为教育实践提供广阔平台,共同推进"大思政课"格局的建立和完善。针对"培养什么人、怎样培养人、为谁培养人"这一根本性问题,习近平总书记强调:"要把立德树人作为中心环节,把思想政治工作贯穿教育教学全过程。"[④] "要理直气壮开好思政课,用习近平新时代中国特色社会主义思想铸魂育人。"[⑤] "大思政课"注重以马克思主义中国化最新理论成果铸魂育人。"习近平新时代中国特色社会主义思想是当代中国马克思主义、二十一世纪马克思主义,是中华文化和中国精神的时代精华,实现了马克思主义中国化新

① 徐蓉,周璇.善用"大思政课"推进教学改革创新[J].思想理论教育,2021（10）：60-65.

② 靳诺.抓好新时代思政课改革发展[N].学习时报,2019-09-20.

③ 中共中央办公厅 国务院办公厅印发《关于深化新时代学校思想政治理论课改革创新的若干意见》[J].中华人民共和国国务院公报,2019（24）：9-15.

④ 蒋广学,王志杰,张勇.论全环境育人理念下大学生思想政治教育的时代感与吸引力[J].学校党建与思想教育,2018（5）：87-89.

⑤ 王飞.新时代高校思想政治理论课机制构建的若干思考[J].高教学刊,2020（14）：61-64.

的飞跃。"① 高校思政课建设若要切实达成育人目标，务必要强化习近平新时代中国特色社会主义思想的理论体系与学科体系构建，并增强其学理性阐释。为实现思政课社会协同育人的理想成效，我们需秉持如下观点以指导实践：

1. 统揽全局的整体性

新时代"校内思政+社会实践"协同育人机制建设是一项兼具长期性和复杂性的系统工程。这个有机整体的性质、功能与运动规律不是各子系统性质、功能和运动规律的简单相加，而是组合碰撞出新属性、新功能和新规律，具有"1+1>2"的整体功效。② 为此，有效打造思政课协同育人机制，需要确立一盘棋的整体观，实现"大思政课"教育教学效果最大化。为此，本书从以下三个层面落实整体观：

首先，坚持党中央的集中统一领导。习近平指出，思想政治理论课能否在立德树人中发挥应有的作用，关键看重视不重视、适应不适应、做得好不好。③ 要坚持和加强党对思想政治理论课建设的领导，充分发挥党中央的总揽全局作用。各级教育部门要贯彻落实党的教育方针政策，把思政课建设摆上重要议程，为思政课建设提供有力支撑。④ 坚持党的一元化领导，就是为建设好"大思政课"提供根本政治保障，有利于确保思政课的发展方向正确。同时，在党中央领导下，社会各方面可以源源不断地为思政课提供优质资源和师资力量以及实践教学平台，有力地推动了"大思政课"的创新发展。

其次，加强政府顶层设计和战略规划。实现"大思政课"育人效果的最优化，就要对"大思政课"系统中的多种教育主体与资源进行理性分析与整体规划。习近平总书记提出，"要以系统观为指导，做好顶层设计，不断完善思政课教育体系，形成党委统一领导、党政齐抓共管、有关部门各负其责、全社会协同配合的工作格局"，⑤ 还强调"要把思政小课堂同社会大课堂结合起来"，把理论知识同社会实际相融合，引导学生把人生理想落实到实际行动中，"立鸿鹄志，做奋斗者"。⑥ 这是对新时期高校思政课建设进行顶层设计、统筹谋划的重要举

① 习近平谈治国理政（第4卷）[M]. 北京：外文出版社，2022.
② 秦书生. 技术生态系统的复杂性分析 [J]. 中国科技论坛，2004（1）：111-114.
③ 习近平在中国人民大学考察时强调：坚持党的领导传承红色基因扎根中国大地走出一条建设中国特色世界一流大学新路 [N]. 人民日报，2022-04-26（1）.
④ 《求是》编辑部. 用习近平新时代中国特色社会主义思想铸魂育人 [J]. 求是，2020（17）：17.
⑤ 秦宣. 善用"大思政课"培育时代新人 [N]. 人民日报，2021-08-02（12）.
⑥ 魏华. 把思政小课堂同社会大课堂结合起来 [N]. 光明日报，2019-08-01（5）.

措。国家有关思政课一体化建设的政策文件在我国新时期"大思政课"建设的总体规划里占据着重要地位，是各地各校拟定教学计划时所依循的基础性依据。

最后，学校家庭社会思政教育一体化。青少年学生思想品德的形成受多种因素影响。青少年阶段的思想政治教育，以学校为主阵地、以课堂为主渠道、以教师为主力军。学校需严格遵循党的教育方针，大力推进"大思政课"的改革与创新，切实发挥学校在思政育人方面的主阵地作用。家庭教育与学校教育彼此依存。家长作为孩子的第一任教师，应以优良的家庭美德对青少年学生开展教育，致力于培养他们优良的道德品质与行为习惯，积极配合学校及社会的育人工作。社会是青少年思政教育的实践场所，应当构建起全社会协同配合的工作格局。显而易见，构建"大思政课"协作育人机制，务必充分发挥学校、家庭、社会三个方面的作用，并强化三者的协作。

2. 同频共振的协同性

协同论认为，系统能否正确有效发挥协同效应依靠系统内部各子系统之间的协同作用的发挥，协同得当，有利于系统整体功能的发挥；反之，则会使系统内部各子系统相互掣肘。[①]"大思政课"协同育人机制的构建也是如此，要让系统处于最优状态，各子系统之间要紧密协作，在充分发挥其作用的前提下，提高总体效能。在实践过程中，可以从以下五个方面进行协同建构：

（1）"三全育人"全方位同频同步。思政教育以立德树人为根本任务，目的是培养"德智体美劳"全面发展的社会主义事业建设者和接班人。[②]"三全育人"即以学生为中心，通过全方位、全过程、全对象的教育实现育人目标。学校是学生接受教育的主阵地，自然是"三全育人"格局的主体，学校必须根据新理念和新政策适时作出教学调整，推动思政教育工作的全新发展。"三全育人"三方面协同发展的新格局是我们党和国家在新时期应对新变化对人才培养规律的新理解，也是提高思想政治理论课教学质量的需要。

（2）课程思政与思政课程同向同行。[③] 课程思政与思政课程本质上都是育人，但二者侧重点各有不同。课程思政，即学科中的德育内容，突出课程思政是

① 蒋笃运，詹璐遥. 新时代大思政课建设的系统观 [J]. 河南师范大学学报（哲学社会科学版），2023，50（1）：131-137.

② 习近平. 高举中国特色社会主义伟大旗帜 为全面建设社会主义现代化国家而团结奋斗 [N]. 人民日报，2022-10-26（1）.

③ 谭志敏，张齐学. 新时代"大思政课"建设的系统审视 [J]. 华南师范大学学报（社会科学版），2023（6）：157-165+208.

基于教学实践中存在的重视知识传授而轻视道德教育的现象提出的。通过课程思政促进各学科课程增强德育意识，在教学过程中双管齐下，既能传授知识，又能在教学中贯彻德育，强化精神引领。思政课程指即思想政治理论课，是学校立德树人的关键课程，也是体现课程思政的主渠道。"大思政课"协同育人机制建设就是要结合各类教育资源，实现课程思政与思政课程的"同向同行"。①

（3）教师教导与学生学习协同互动。教育从来不是独角戏，教学过程中最为关键的两要素便是教育者与受教育者，即通俗意义上的教师与学生。教学实践业已表明，教师于课堂教学中所展现的主导性以及学生主体性的发挥状况，对教学的有效性起着关键性的制约作用。在"大思政课"的背景之下，教学乃是师生教学相长的进程，通过师生间的互动达成育人的目标，故而务必要构建起良性且积极的师生关系。此过程要求教育工作者保持对教育的满腔热忱，兼具对学生的广博爱心，精准把握学生的思想道德水准以及心理特质，强化与学生的交流及沟通。另外，学生作为学习的主体，应当引导其发挥学习的主动性与积极性，将教师的主导性与学生的自主性加以结合，推动思政课教学中教师与学生思想和灵魂的交融碰撞，以实现教学相长的理想成效。

（4）线上架构与线下实操的协同互补。伴随着人工智能的高速发展，科技与教育的深度融合对现代教育产生了深远影响，使得现代教育面临着机遇和挑战。促进人工智能与现代教育相互赋能、创新发展，形成智能教育，为未来教育的变革发展提供了无限的生机与活力。②习近平总书记指出，要运用新媒体新技术使工作活起来，推动思想政治工作传统优势同信息技术高度融合，增强时代感和亲和力。③一方面，积极推动数字化、智能化教学平台建设，以提供更加个性化、灵活多样的学习方式；另一方面，加强优化"大思政课"数字化、智能化教学环境，确保教育内容的安全性与准确性。此外，提升思政课教师的科学素养也至关重要，有利于适应"大思政课"数字化、智能化发展的需求，推动现代教育不断发展和进步。

（5）五育并举相互配合协同共育。五育并举指的是德智体美劳五个方面的

① 陈淑丽，贾志鹏．高校自然科学类课程与思想政治理论课协同育人的实现路径［J］．成都理工大学学报（社会科学版），2021，29（1）：97-103．

② 习近平．思政课是落实立德树人根本任务的关键课程［J］．求是，2020（17）．

③ 张烁．习近平在全国高校思想政治工作会议上强调：把思想政治工作贯穿教育教学全过程开创我国高等教育事业发展新局面［N］．人民日报，2016-12-09．

教育相辅相成、协同育人，实现学生全面发展和综合素质提升。在五育中，德育是五育之首，对其他四育发挥着精神引领的作用，同时蕴含于其他四育之中。① 五育相辅相成、相互促进，在协同系统中，遵循青年学生成长成才的规律实施教育，深度融合德育之基、智育之识、体育之健、美育之雅、劳育之勤，不仅优化了思政课的灵魂塑造力，更全面提升了学校教育的整体效能。通过五育并举的模式培养全面发展的人才，优化思政课育人效果和学校整体育人成果，促进人的全面发展，培养担当民族复兴大任的时代新人。

3. 纵横时空的开放性

一个完整有序的系统只有时刻与外部环境保持信息交流，才能与时俱进地进行自我调节，促进系统结构更加精致、系统功能更加完善。构建协同育人机制是一个复杂的系统工程，需要从"两个大局"出发，着眼于未来，加强与外界的协作和沟通，建立全方位的开放视野。可以从以下四个方面展开：

（1）全员的多方位沟通。"大思政课"协同育人机制建设重点在于人，关键在教师。该协同机制建设在与外部环境人员的交流方面，主要涵盖学生、教师及社会人员。一是表现为学生的流动。每个学年均存在规模较大的学生流动现象，包括毕业、升学等；系统与社会之间同样维持着众多学生的流动态势，不但有从学校毕业步入社会的学生，也有数量庞大的新生自社会迈入校园。二是表现为教师的流动。在"大思政课"教师队伍的构建过程中，既要建设一支精干高效的教师队伍，又要立足教学实际，吸纳社会模范、英雄人物等为学生开展生动的教育活动。三是表现为学校服务社会、社会服务学校中的人员交流。不单学校借助社会实践、志愿服务等形式向社会输送众多人才，社会也会依据学校的发展和育人需求，为学校给予必要的人力支撑，助力学校更优地达成立德树人的育人目标。

（2）加强物质技术积累。物质技术基础是社会生产力的重要组成部分，是影响社会文化和思想形态的重要因素之一，是高校思政课教学改革与创新的根本保证。一方面，物质技术基础作为社会生产力的关键构成要素，为高校思政课教学的改革与创新筑牢了坚实根基。尤其是人工智能、5G等前沿科技手段的运用，极大地突破了传统思政课在时空方面的限制，不但丰富了教学方式，而且显著增强了思政课的实效性与互动性。另一方面，思政课线上平台的搭建以及融媒体技

---

① 习近平谈治国理政（第3卷）[M]. 北京：外文出版社，2020：328.

术的融合运用，进一步增强了思政课的时效性和精准性。此类数字化平台不但拓展了教育资源的获取路径，还推动了教学内容的即时更新与广泛传播，有力地提高了教学质量与成效。由此看来，物质技术基础为"大思政课"协同育人机制提供数字化依托，有力推动了"大思政课"协同育人机制建设。

（3）净化多样信息交流。信息化社会，学生无时无刻会接触到多样化的信息，信息有良莠之分，不同的信息对他们思想品德和行为习惯的产生积极或负面的影响。在构建思想课系统的过程中，要大力弘扬社会主义主旋律，有效清除消极思想对学生的不良影响，是构建高校思想政治理论课协同育人机制的一项重大使命。

（4）拓展全新教育时空。加强思想政治理论课建设，不仅要充分发挥传统德育的优势，而且要主动拓展新时代的优势。一是要不忘初心，始终牢记我们对青年学生开展思想政治教育的初心使命，把铸魂育人放在"大思政课"建设的首要位置。二是要发挥好传统教育的作用。树立"社会就是课堂"的教育观念，充分利用好"社会"这个大舞台。三是深度挖掘网上空间，青少年学生始终都与互联网进行着交互，他们极容易遭受网络信息的影响与冲击。鉴于此，构筑健康的网络环境，对网络空间予以净化，将思想政治教学同多媒体技术加以融合，构建起一种体验式、交互式的全新教学体系，这不但是时代的需求，也是"大思政课"自身建设的需要，更对于青少年学生的成长具有重大意义。

4. 洞悉形势的前瞻性

一切划时代的体系的真正的内容都是由于产生这些体系的那个时期的需要而形成起来的。[①]"大思政课"的出场是思政课建设满足时代发展需求因势而动的有力举措。"大思政课"聚焦理论创新和社会发展，针对国内和国外两个大局对思想政治教育的本质、任务、目标等进行时代性解读。

（1）实事求是把握发展大势。认清国际发展局势，明确中国发展方向，读懂"两个大局"。让学生对中国同世界的关系形成正确的理解与认识，形成高度的责任感和使命感，是思政课的重大使命。"两个大局"是对当前我国面临内外局势的准确判断，体现了中国共产党人的战略思维和全球视野。思政课应引导青年学生继承和发扬中国共产党人的优良传统，善于以国际视野理性审视中国和世界的辩证发展关系，正确认识世界和中国的发展大势，不随波逐流，不人云亦

---

① 马克思恩格斯全集（第3卷）［M］. 北京：人民出版社，1960：544.

云，坚定不移地走好自己的路，朝着自己的目标前进。①

（2）坚定不移落实精神引领。一方面，立足新时代的历史方位和任务目标，服务于"两个大局"针对关系党和国家发展的重大历史和现实问题，把握思想前沿，紧抓时代特征，以更加广阔的历史眼光和更加多元的现实思想素材进行生动的整合，将一切可以利用的资源用以弘扬民族精神，以凝心聚力，增强社会凝聚力，形成中国自主知识体系，民族伟大复兴伟业。另一方面，就世界发展的宏观格局而言，"大思政课"建设置身于百年未有之大变局当中，全球治理的格局与态势正在迅速演变，国与国之间在政治、经济层面的碰撞，皆会给整个国际局势带来深远影响。"大思政课"聚焦于时代中的国际事件展开思想引导，促使学生了解国际局势，进而更加明确伟大复兴重要使命。

（3）踔厉奋发贯彻中国方案。追昔抚今，鉴往知来。世界正处于百年未有之大变局的关键变革时期，也是引导学生正确认识世界发展格局和中国发展大势的关键时期。首先，要善于把握百年未有之大变局潜在的新机遇。处于时代变局中，新兴市场国家和发展中国家的崛起速度之快前所未有。以中国为代表的多个新兴经济体的兴起，推动国际秩序形成深刻变革，加速了世界多极化的发展。其次，要敢于应对百年未有之大变局带来的新挑战。大变局深刻复杂、变乱交织，新旧力量、矛盾相互碰撞，催生了国际局势的不稳定性，世界面临重新陷入分裂甚至对抗的风险。② 要常观大势、常思大局，把主动权牢牢掌握在自己手中。最后，要深刻理解应对百年未有之大变局的中国方案。以习近平同志为核心的党中央提出的构建人类命运共同体、构建新型国际关系等极具中国特色的方案，是中国共产党人在以马克思主义为指导对国际发展大势做出科学研判的基础上，为中国特色社会主义建设提供的新思路和新方法。

综上所述，思政课教学应立足于世界视角，通过国际比较的方式讲述中国故事，用鲜明的事实回击那些对中国持否定态度、诋毁和怀疑态度的消极势力。与此同时，全面落实"大思政课"，要紧紧围绕着思政课建设的根本目标，"要善于利用国内外的事实、案例、素材，在比较中回答学生的疑惑，既不封闭保守，也不崇洋媚外，引导学生全面客观认识当代中国、看待外部世界，善于在批判鉴别中明辨是非"。③

---

① 冯秀军．善用"大思政课"的三个维度［J］．思想理论教育导刊，2021（8）：103-109.

② 许士密．"逆全球化"的生成逻辑与治理策略［J］．探索，2021（2）：74-87.

③ 习近平总书记在全国高校思想政治会议上的重要讲话［N］．人民日报，2016-12-09（1）.

第二章

"大思政课"背景下"高校思政+社会实践"协同育人的特征意蕴

从功能和价值的视野审视"大思政课"背景下"高校思政+社会实践"协同育人的特征和意蕴，有利于更好地把握"大思政课"的精髓要义，突出思政课"讲道理"的本质；运用科学且合理的灌输与说理的方式，为新时期坚持正确的思政课建设方向、为解决当前社会发展带来的思政课教学实践性和理论性难题提供现实依据和行动指南。

第一节 "大思政课"背景下"高校思政+社会实践"协同育人的本质特征

特征是对事物要素构成和内在规定性的抽象概括，是某一事物区别于其他事物的鲜明标志。依据"大思政课"背景下"高校思政+社会实践"协同育人系统的内在逻辑和构成结构，本节从系统性、情境性、时代性、实践性四个方面把握其本质特征。

一、系统性

所谓系统性是指"大思政课"在建构过程中围绕的核心主题和框架内容所具有的系统性特质，其实质是对新时期思政课建设的整体性优化和结构性创新。这内在规定了要从整体性和层次性的视角对"大思政课"背景下学校和社会两个场域协同育人活动所具备的重要特征及结构性要素展开分析，应当秉持全领域、全过程、全员的"三全育人"理念。据此，在"大思政课"背景下若要完成协同育人工作，确保每一个点位得以切实落地，必然需要具备层次性思维，妥善解决并落实好各层次的相关问题。所谓层次性，是指在一个系统的立体化结构中，各要素因等级分类不同而呈现出不同层次的状态、性质、功能等特征。"大思政课"系统具有复杂性，且其系统内部存在层次性，各层次从低级到高级，从简单到复杂具有递进发展的特征。本书从结构化的视角看待"大思政课"，将"大思政课"作为系统性工程，涉及多主体、多要素的有机衔接，据此所构建出的系统布局也具有层次性。只有搭建多层次、交互式的集成体系，挖掘理论与实践转化背后的深层次逻辑，才能更好地推动"三全育人"的实效性。这需要依据"大思政课"的系统性特征，从整体性的视角和多层次维度系统设计"大思政课"的分类实践教学的内容和标准体系。中共中央办公厅、国务院办公厅印发的《关于进一步加强和改进新形势下高校宣传思想工作的意见》提出，要强化社会实践育人，系统设计实践育人教育教学体系，分类制定实践教学标准。其中，实践教学标准制定的依据，就是将"大思政课"建设所蕴含的包括"师生家校社"在内的教育主体协同队伍，以及从教育资源的角度来审视的"人财物时空"等协同要素，通过社会协同治理的方式以更好地实现全程育人、全方位育人和全员育人的系统性目标。

1. 从"个人与学校"协同育人的层面

在"大思政课"所构建的协同育人体系之中，学校乃是针对大学生实施系统性知识传授的首要场所。因此，"大思政课"协同育人系统的构建，应当以学校作为出发点，着重构建与大学生个体的有效交流、协同协作，从而更有效地发挥学校对于大学生的积极引领效能。大学生在大学阶段的学习需求相较于中学阶段更加有多样化和多元化，为了让学生获得最佳的学习体验和学习成就感，学校必须注重大学生自主学习的主动性和生活实践体验的丰富性这些客观需求。一方面，应当引导大学生自觉运用课堂所学知识处理现实问题；另一方面，务必注重引导大学生于实践中获得感性认识与实践体悟，并通过理性分析将其转化为理论性知识。当前，高校思政课面临着大学生自由、自主的学习需求和学校课程统一化、标准化安排设计之间的"认知张力"，需要通过采取适当的措施，建立合理的中介。

"大思政课"赋予了个人更多的实践体会的空间。在"大思政课"背景下，个人与学校层面的协同合作，是对大学生个人的学习热情和社会实践积极性的重视和深入挖掘；同时，也是将学校理论性知识教育见长的教育格局进行扩大和延伸，寻找个人生活与思政课有机结合的切入点。个人的感性认知和实践的需求及学校的理论自觉，通过将现实的例子与理论进行融合，融入"大思政课"所倡导的社会实践维度，构成了"人之为人"的存在形式，为将理想融入现实以及强化实干精神提供了关键支撑。倘若脱离"大思政课"的社会维度，思政课教学便只能局限于知识与语义的范畴。就个人层面来讲，通过实践场馆的学习体验以及在实践基地的学习，能够更为深入地领会课堂教学中的理论知识。因此，在学校教书育人的过程中，实现理论和实践的统一、达到立德树人的思政课教学最优效果，是"大思政课"的最终目标。

2. 从"个人—社会"的关系出发

思政课对于时代新人的培养是基于教学对象所处的社会生活，这也决定了思政课教学要包含个人之于社会的微观叙事性。鉴于微观层面的社会生活是教学对象最为熟知、最能够直接予以感知和经历的范畴，故而其更易于被当作教学内容资源归入思政课的教学范畴，为思政课教学赋予生命力与活力，从而构建起教学对象和思政课之间的关联。社会生活的微观层面是与教学对象联系最为紧密的现实条件，但是，思政课教学注重社会生活的微观层面并不等于将社会生活中的一切细节均作为思政课的教学内容，生活中的琐碎、低俗等内容是需要被过滤、筛选，甚至是需要摒弃的。虽然在思政课已有的教学实践过程中出现过脱离社会生活、教条化等问题，但对于思政课教学脱离现实生活的批判不能走向其反面——囿于社会生活之中，否则，只能使思政课教学走向"泛生活化"，从而导致价值的虚无。进入思政课教学内容的社会生活要具有鲜活的微观叙事性，这就决定了思政课教师必须以教学对象所关心的社会现实问题为切入点选择教学资源，实现"微而不碎"，以避免社会生活的琐碎消解了思政课育人的作用。这一教育进程绝非仅局限于知识的传递及技能的培训，更是对学生加以引导，使其深切领会个人与社会之间紧密相依、相互作用的动态平衡进程。这规定了思政课教学不仅应当扎根于宏大的社会历史情境之中，还需深度探究并呈现个人于社会发展里的微观叙述，借此激发学生的社会责任感、历史使命感以及个人价值达成的自觉性；同时，也进一步联结学生个体与社会生活的紧密关系，使他们能够自觉地投入服务于社会发展与国家建设等家国大事的宏大主题的实践中，从而实现社会生活宏大叙事的"大而不空"，进一步增强思政课的亲和力、感染力、针对性与实效性。

从"社会—国家"的关系来看，社会不仅关注于个人，同时也关联着国家，社会生活并非局限于个体在日常衣、食、住等方面的表现，其还承载着关乎国家历史进程的宏大叙事。宏大叙事下的社会生活展现的是凝聚社会群体精神内核的具体实践活动，具有集体性、交互性与教育性等特征。社会实践和思政课教学发挥着互相支撑的作用，在教学内容和实践方面形成互补。

高校思政课实践教学社会协同，必须以系统论思维为指导，以项目化管理为手段，以更加专业化、系统化的模式开展，具有多维层次结构的特征。它强调校内、校外两种资源协调统筹，着力推进学校教育和社会教育的深度融合[①]；它强调外化教育与内化引导、明辨是非因由与实操解决问题、全面指导与层次教学相结合；它强调论古至今与晓理大义，以开放视角丰富思政课教学内容，优化配置教育教学资源，"鼓励党政机关、企事业单位等就近与高校对接"[②]，推动形成全方位全员参与的思政课实践教学多维协同机制。这样的改革方向，有助于学生"五育并举"与提升创新发展能力，带动沟通表达、独立自主、团队协作、专业实践、分析和解决实际问题能力多向拓展。

针对"培养什么人、怎样培养人、为谁培养人"这一根本性问题，习近平总书记强调要把立德树人作为中心环节，把思想政治工作贯穿教育教学全过程[③]。因此，要理直气壮开好思政课，用习近平新时代中国特色社会主义思想铸魂育人[④]。中共中央、国务院、中宣部和教育部等相继出台了一系列重要文件、政策和重大战略部署，为深化新时代高校思政课实践教学工作提供了遵循的原则，指明了社会协同建设的路径和方法。显而易见，把习近平总书记的重要讲话精神和中央文件落到实处，是对各高校改革和创新思政课教育教学方式的必然要求，特别是社会协同模式的创新务必要以针对性、可行性以及有效性为立足之点，从而充分发挥出高校思政课实践教学社会协同所应起到的作用。

二、情境性

所谓情境性，是指"大思政课"协同育人体系所营造的能够给师生提供丰富的情感体验和全方位、多功能的教学场景。"大思政课"突破学校思政课相对集中、单一、程式化的空间、场景和格局，把富有价值意蕴和教育意义的社会场景转化为教学场景。[⑤]"大思政课"注重通过社会实践进行情境性教学模式的构建，主张通过社会实践教学将社会实践与课堂理论讲授相结合，通过整体性、涵盖面广的社会实践教学的环境和将碎片化的教育场景整合成具有整体性和系统性

① 靳诺. 抓好新时代思政课改革发展［N］. 学习时报，2019-09-20.

② 中共中央办公厅、国务院办公厅印发《关于深化新时代学校思想政治理论课改革创新的若干意见》［J］. 中华人民共和国国务院公报，2019（24）：9-15.

③ 蒋广学，王志杰，张勇. 论全环境育人理念下大学生思想政治教育的时代感与吸引力［J］. 学校党建与思想教育，2018（5）：87-89.

④ 王飞. 新时代高校思想政治理论课机制构建的若干思考［J］. 高教学刊，2020（14）：61-64.

⑤ 叶方兴. 课程论视域下"大思政课"建设的理论意蕴与实践路向［J］. 思想理论教育导刊，2023（10）：95-101.

的教学场景，给予参与者更直观和更深刻的现场体验和感受，有利于引起师生的深度共鸣，赋予思政课教学多方位沉浸式情境体验和丰富的创造性。

长期以来，思政课教学虽然重视实践教学，注重实践教学环境的培育与建设，但受到多种资源和条件的限制，在实际教学实践的多个环节出现碎片化、局部性、孤立化的问题。"大思政课"的背景下，思政课建设注重学校和社会全方位、全领域的有效衔接，聚焦于社会发展多领域、多维度的宏阔视野，赋予思政课建设更加生动的素材，呈现出全息多元的教学语境，同时以最新的时事新闻和热点事件作为教学素材，对思政课程内容和载体进行优化与拓展。基于此，才能将思政课理论教学的知识寓情于境，使课程内容得到深入与升华，同时将思政课建设置于系统性、全方位的整体社会环境中，做到言之有物、言之有理。从这个意义上来说，"大思政课"教学场域向国家社会生产实践各领域的拓展，所具有的情境性凸显了思政课教学过程中的社会化语境，为思政课提供更加生动、具体、全面的教学环境和氛围；通过全方位情境赋予教育更加深刻的意义，在全过程中构建更加丰富的教育情景，给受教育者提供更多参与的机会，使受教育者获得更多人与人、人与环境、人与社会交流互动的机会。

实践教学是思政课教学的重要内容，社会实践则是开展实践教学的重要方式，脱离社会实践的思政课教学无法充分体现其有效性和价值目标。从这个意义上来说，社会实践是体现实践教学目标和效果的重要方式之一。通过真实而丰富的社会场景赋能教学实践，能够避免思政课实践教学中简单化、随意化、形式化的倾向，为思政课的建设提供范式和依据。

第一，在社会实践中获得的实践教学具有最本质的意蕴。实践教学是思政课教学的重要组成部分，脱离社会实践的思政课教学则无法充分体现其应有价值。以具体的现实事件、活动为抓手，通过思想政治教育的方式，引导学生关注和分析大众关注的社会热点、时事新闻。采用显性教育与隐性教育相结合的方式进行积极的引导，通过对热点问题的价值评判，激发民众的爱党、爱国、爱人民的情感认知。通过构建生动的社会现实的叙事场景，以及通过党对社会热点问题的关心和解决，在丰富生动的社会实践中激发群众爱党爱国的情感。实时发生的国家政策热点、民众关注的焦点，是开展思想政治教育的素材。因此，"大思政课"的主旨是尊重社会实践，将社会实践与课堂讲授相结合。从这个意义上来说，社会实践教学是体现实践教学目标和效果的重要方式之一。将真实而丰富的社会场景赋能教学实践，能够避免简单化、随意化的倾向。情境化具有连续性和延展性的特点，使受教育者在基于真实生活经验而产生切身的感受。

第二，思想政治教育应深度融合新技术新媒介，在丰富的实践中不断创新与深化。从工业化时代到信息化时代，人类的认知活动被信息传递、计算机、互联网、大数据、人工智能等技术深刻改变。"互联网等新技术新媒介日新月异，我们要审时度势、因势利导，创新内容和载体，改进方式和方法。"新传播技术在社会生活中的普及和运用，提高了媒体影响力和渗透力，使社会公众随时处于信息传播和媒介环境之中。充分运用新媒体技术是善用"大思政课"的重要举措，"要运用新媒体新技术使工作活起来，推动思想政治工作传统优势同信息技术高度融合，增强时代感和吸引力"①。"大思政课"要突破传统的线下形式，开拓网络空间、移动互联网、融媒体等新领域，构建线上线下一体化平台，从而掌握新媒体时代的思想政治话语权和宣传教育的主动权。一方面，"大思政课"通过传统教学模式与现代信息技术的融合发展，不断扩大传播范围、提升社会影响力。全媒体不断发展，出现了全程媒体、全息媒体、全员媒体、全效媒体，信息无处不在、无所不及、无人不用，导致舆论生态、媒体格局、传播方式发生深刻变化，新闻舆论工作面临新的挑战②。目前，高校思政课通过有效运用超星、学习通、课堂派、学习强国等应用软件，贯彻 MOOC（Massive Open Online Courses）教学、翻转课堂等理念，实现思想政治教育从教室转向线上，从校园走向社会，从青年学生转向社会公众，实现了思政小课堂同社会大课堂的深度结合。另一方面，充分运用新数字技术和网络平台，打造数字网络时代的"大思政课"精品课程。"大思政课"精品课以思想政治教育资源为中心，其传播形式包括短视频、微电影、有声读物、动漫产品、文献纪录片等，其传播方式包括 QQ、哔哩哔哩、微信、微博、抖音等新兴媒体。从传统思政课转向"大思政课"要充分把握新媒体技术的发展态势，运用网络信息技术作为思想政治教育的"扩音器"和"放大器"，探索形式多样、传播高效的思想宣传方式，不断地增强思想政治教育的亲和力、吸引力和感召力。

第三，思政课教学的情境化将社会生活引入课堂，实现了社会生活的"空间再现"。突破传统课堂教学空间对于思政课教学的限制，走进社会生活之中去观察、去体验、去实践，从而实现教学空间的转换，通过场域化让社会生活成为思

① 总书记在全国高校思想政治工作会议上强调：把思想政治工作贯穿教育教学全过程　开创我国高等教育事业发展新局面［J］. 实践（思想理论版），2017（2）：30-31.

② 中央文献研究室. 习近平谈治国理政（第3卷）［M］. 北京：外文出版社，2020：317.

政课教学的"大课堂"。挖掘社会生活中的红色资源、历史资源、文化资源，并将其转化为课程资源，成为课堂教学的源头活水，与思政课的课程知识体系进行有效对接，以社会中"现实发生地"这一实体空间让教学对象形成真实感知、真正认同。

其一，场域化旨在通过空间与资源的开发和运用来延展思政课教学的渠道与阵地①，增强受教育者的身心感知。虽然场域化表现为教学空间的转换，但真正对思政课教学起到关键性作用在于其背后社会关系的突破与再生产实践。按照场域理论，场域既是一个社会位置系统，也是客观关系系统②。因此场域化不仅意味着教学空间的变化，而且是其中所联结的社会关系的变化。在传统教学空间——学校课堂中，所反映的社会关系表现为师生关系与同学关系，这类社会关系具有稳定性和相对静态性。这样的关系特征固定了所处环境的现实条件，无形之中受限于由学校、教材、教师等构成的框架之中，容易导致教学对象视野的单一化、狭窄化。将社会生活转变为思政课的教学空间，能够打破一贯以来学校课堂作为思政课学习的固有封闭性场域，回归"社会母体"③之中，使教学场域走向开放式、师生关系与同学关系等走向动态，实现思政课教学中社会关系的突破。

其二，场域化指向的是再生产实践，这对应于思政课的教学目标，即思政课所育之人不能够是只懂大道理的书生，而是必须能够回到现实生产实践中的时代新人。恩格斯指出："根据唯物史观，历史过程中的决定性因素归根到底是现实生活的生产和再生产。"④ 一方面，教学对象在社会生活这一广阔课堂中形成其现实性，能够从认知维度迈向实践维度，达成自身的再生产，诸如成为红色场馆的志愿讲解员，还可针对特定的社会问题展开实际调研等。另一方面，社会生活并非天然就是思政课教学的大课堂，恰恰相反，社会生活务必要历经场域化的再度塑造方可成为思政课的教学空间。社会生活场域化后必然也对应师生关系等社会关系的生产重构，同时，生产重构而成的关系也在持续塑造着其所处的空间，空间的再生产则体现为社会生活空间中的育人资源得以挖掘、育人价值得以

① 徐蓉，周璇. 善用"大思政课"推进教学改革创新 [J]. 思想理论教育，2021（10）：60-65.

② 魏善春. 教学冲突：缘起、悖论及合理应对——一种教育社会学的审视 [J]. 中国教育学刊，2012（8）：59-63.

③ 叶方兴. 大思政课：推动思想政治理论课的社会延展 [J]. 思想理论教育，2021（10）：66-71.

④ 马克思恩格斯选集（第4卷）[M]. 北京：人民出版社，1995：695.

实现。

"大思政课"理念的提出再一次将关注点聚焦于思政课教学与社会生活关系的探讨之中，并指向对思政课育人问题的思考。思政课在于培养时代新人，而时代新人的存在与发展离不开进行生产活动与联结社会关系的社会生活，社会生活的丰富性与复杂性决定了在思政课教学中要对其进行多重意义的思考与多维度的考量，即社会生活必须经过"思政化"的过程。"大思政课"视域下，思政课教学要以社会生活为"音"、以社会生活为场，回应学生个体的现实需求，才能真正讲好思政课，实现党的创新理论入耳、入脑、入心、入行，培育好堪当民族复兴重任的时代新人。"大思政课"理念的提出既是对以往教学实践中思想政治理论课结合社会生活的一次反思，也为考量思想政治理论课教学与社会生活的关系提供了新的视角。

三、时代性

"大思政课"之所以"大"，是因为它立足于人类发展的整体格局去思考高校思想政治教育的未来通路，因此，以"大思政课"为依托所建立的高校思想政治教育与社会实践协同育人的教学机制也具有着眼于国内与国际两个大局的时代性特征。

随着中国特色社会主义进入新时代，我国正在以更全面、更深入、更长远的方式影响着世界，世界对中国的关注度也在不断扩大、深入、聚焦。在这一背景下，高校思想政治教育不但肩负着引领大学生构建正确个人价值观的使命，而且需高度注重引导学生正确看待中国与世界的关系。高校思想政治教育既要在新时代的历史方位下深刻洞悉中国式现代化的深刻内涵，带领大学生对"中国特色社会主义新时代"有更加理性和全面的认识；又要注意时刻具备开阔的国际视野，在中国和世界的对比中讲好中国故事和世界故事，在答疑解惑中让大学生明辨是非，使其增强自我定力。"一切划时代的体系的真正的内容都是由于产生这些体系的那个时期的需要而形成起来的。"① "大思政课"背景下"高校思政+社会实践"协同育人机制的出现是高校思想政治教育契合时代发展而诞生的行之有效的教学实践。高校思想政治教育与社会实践的协同育人能够使学生立足更大格局、更全视角来解读国内和国际的形势变化，从而培育具备全局视野和历史眼光的时

---

① 马克思恩格斯全集（第3卷）[M]. 北京：人民出版社，1960：544.

代之才。

在新时代背景下，高校思想政治教育担负着新的使命和任务，通过新颖多元的教学手段引导大学生对中国和世界在时代发展下产生的变化以及二者之间的关系进行客观合理的认识，在比较视野下坚定理想信念，这是"大思政课"背景下对高校思想政治教育的客观要求。习近平总书记强调，领导干部要胸怀两个大局，一个是中华民族伟大复兴的战略全局，另一个是世界百年未有之大变局，这是我们谋划工作的基本出发点。① 这是中国共产党人对当前国情、世情的准确把握，充分体现了中国共产党人聚焦国际剖析人类问题的全球视野与开阔胸襟。以时代发展为主线、以世情国情为关照、以战略判断为核心，积极把握历史主动是中国共产党延续至今的优良传统和优势所在。在"大思政课"背景下，"高校思政+社会实践"的协同育人机制将把握和继承这一核心优势作为高校思想政治教育的重要目标之一。在高校日常的教学实践中，通过实现思想政治教育与社会实践教学的耦合，能够充分整合多元丰富的社会资源，进而对我国与世界之间的辩证发展关系进行综合、合理的分析，准确把握我国和世界的发展趋势，在复杂多变、难以捉摸的国际关系态势中，始终保持清晰、敏锐的思维，笃定自身的信念，既不盲目跟从潮流，亦不随意附和，矢志不渝地依循自身既定的路径，朝着既定的目标奋勇前行。

一方面，在国家视角下，以"大思政课"为依托所催生的"高校思政+社会实践"协同育人机制是高校思想政治教育在新的历史方位下探求如何提高高校思想政治教育的现实性与时代性所进行的教育实践，是为高校思想政治教育改革列车"再提速"所做出的创新举措。这一协同育人机制紧随时代发展趋势，聚焦国家在新时代发展中所面临的重大现实问题和紧迫需求，融合更加多元丰富的社会资源和现实素材来整合高校思想政治教育内容，进而形成完备的高校思想政治教育体系，为实现中华民族伟大复兴赋能发力。

另一方面，在全球视角下，"高校思政+社会实践"的协同育人机制是在世界"百年未有之大变局"的背景下应运而生的。"大思政课"具备"大世界观"特质，其与社会的"脉动"、世界的局势以及时代的潮流紧密相连。正因如此，在国家之间，政治、经济、文化等任意一个要素的增减变化，都会对高校思想政治教育造成影响。在此背景下，传统高校思想政治教育中单一的课堂教学与社会

---

① 中共中央党史和文献研究院. 党的十八大以来大事记 [M]. 北京：人民出版社，2022：38.

现实"脱轨",已经无法满足"大思政课"总体格局对高校思想政治教育提出的要求,迫切需要高校思想政治教育更新教学方式,由传统单一思政教学发展为"高校思政+社会实践"协同育人。在"高校思政+社会实践"协同育人的教学机制下,学生可以在社会实践中切实把握国际局势,聚焦国际热点,洞察时代变化,从而亲身见证、参与、感悟、领会世界百年未有之大变局。

首先,在"高校思政+社会实践"协同育人的教学实践中领会大变局提供的新机遇。国际力量对比的此消彼长,乃是世界百年未有之大变局的一项关键特征。伴随以中国作为代表的新兴经济体的群体性、持续性崛起态势,国际治理体系正经历着协同共治方面的革命性转变。其次,在"高校思政+社会实践"协同育人的教学实践中领会大变局带来的新挑战。高校思想政治教育通过与社会实践的耦合,能够及时整合各种崭新的社会案例和国际素材,引导学生通过对国内外素材的整合分析与思维碰撞来理性、辩证、客观地看待中国的发展、世界的发展以及国际关系,最终在社会实践的批判鉴别中辨析是非、清晰立场,从而树牢对马克思主义的坚定信仰、对中国特色社会主义的坚定信念、对中华民族伟大复兴的坚定信心。最后,在"高校思政+社会实践"协同育人的教学实践中领会大变局催生的新方案。中国共产党把握国际局势与世界发展潮流,提出了具有中国特色和中国智慧的国际治理新方案、新构想,为全球发展注入新活力。立足于"大思政课"的战略背景,"高校思政+社会实践"协同育人的教学实践,一方面在课堂教学中讲授马克思主义基本原理等思想政治教育的基础理论知识,另一方面在社会实践教学中引领学生以事实为凭据,依据社会实际对时代发展趋向作出科学判定,促使大学生在社会实践中自主探寻、持续摸索世界发展的准确方向,切实读懂国际治理的中国方案。

学生经常会把国外的事情同国内的情况联系起来,这个过程就会产生一些疑惑,而学生的疑惑就是思政课要讲清楚的重点。[1] 以"大思政课"为依托的"高校思政+社会实践"的协同育人机制立足全球视野、结合社会现实、善用国际比较,使大学生在思政教师的指导下自主分析社会实践成果。

四、实践性

"大思政课"的实践性,要求实践教学必须结合当前国家政治经济形势的客

---

① 习近平. 思政课是落实立德树人根本任务的关键课程［M］. 北京:人民出版社,2020.

观现实，秉承着实事求是的原则，对学生进行科学有序的教学组织管理。组织学生开展包括调研考察、宣讲巡讲、挂职锻炼、志愿服务、生产劳动、技术体验、科学研究等多样化的社会实践。用好大课堂，实现以"大"促"强"的关键是要在实效性和高质量上下功夫，进一步强化社会实践的思想引领和专业支撑作用。"大思政课"赋予了社会实践以更加深刻的实践内涵，可以从语义学的角度对"实"和"践"两个方面进行理解。

首先，从实践的"实"的本意来讲，为避免理论教学的抽象性和间接性，社会实践教学的"实"应具有更加丰富而深刻的内涵，既包括实践内容和行动的真实性，也要求教育者和受教育者具有真情实感。在社会实践中存在切实的情景及环境场域，引领师生获得真切的感受，以实际行动践行并落实党和国家关于思政课建设的方针政策。社会大课堂给教师进行思政课教学提供了广阔的空间和环境：通过红色场馆、红色文化建设、寻找红色记忆；到现场寻找一手的调研数据；以真实的案例作为学习和分析的素材。在现场学习调查的过程中获得学习体验和感受，以便于将所学知识和"求实务实"的态度运用到具体的生活和未来的工作中。

其次，从实践的"践"的角度来讲，"大思政课"赋予实践教学的目标指向和重点，一是引导学生将所确立的爱国情怀和崇高的理想信念付诸行动，注重"践行"。具体而言，"大思政课"的总体原则和布局方针，注重思想的高尚性和行动的现实性的融合，鼓励学生将党和国家所倡导的教育方针与个人的奋斗目标相融合，融个人于社会和时代，在为国家民族奉献个人力量的同时激发行动潜能。二是实践之"践"，重点在于在专业领域中的践行与研习，要把党和国家所赋予的重要职责，借助对专业的学习以及实践予以展现。"大思政课"给予大学生更多的在社会实践中将专业知识与思政教育有机融合的机会，使大学生在社会实践教育中不仅能够接受革命理想信念和红色文化的洗礼，而且能够主动地将思政课中所学的党史知识、马克思主义理论知识与专业课中所学的专业知识进行有机融合，在一线调研、志愿服务、积累素材中实现情理交融，将专业技能与思想素质进行融合，实现思想政治素养和学科素质的深度融合实践。

因此，"大思政课"为思政课教学中理论和实践的关系赋予了更为深刻的思考维度，它绝非仅仅是对理论教学与实践教学在内容和功能上的简单堆砌相加，而是一种具有创新性的重塑以及富有创造性的融合，能实现校内与校外场域的深度协同联动，精准把握教育育人的规律，深层次递进式推进立德树人的教育理念，进而构建起思想政治的全新生态与崭新局面。

第二节 "大思政课"背景下"高校思政+社会实践"协同育人的价值意蕴

依据思政课建设所处于新时代社会发展的背景，以及党中央关于"大思政课"建设的政策要求，开展"大思政课"背景下"高校思政+社会实践"协同育人工作，对于推动思政课教学创新改革，开阔高校思想政治教育的视野，充实和提高思政课教师队伍和质量，提升大学生的现实获得感，完善落实"大思政课"工作格局等方面具有深刻的价值意蕴。

一、推进新时代思政课建设的改革创新

遵循思政课实践教学的历史演进规律，开展新时期"大思政课"背景下"高校思政+社会实践"协同育人工作，能够优化思政课建设"知行合一"的理念，实现人的全面发展的思政课育人目标，创新思政课教学的多元化模式，提升思政课建设的质量和水平，从而有效地推动新时代、新阶段思政课建设的改革创新。

（一）优化思政课建设"知行合一"的理念

正如习近平总书记所指出的，思政课是"坚持理论性和实践性相统一"的课程，[1] 这内在要求着高校思政课建设应秉持"知行合一"的理念，更好地使大学生在实践之"行"中将理论之"知"学深悟透。其中，"知"需要大学生在高校思政课课堂上将理论学深，"行"需要大学生在社会实践中将理论悟透，并付诸行动。但不难发现，传统的高校思政课着力于对大学生进行"知"这一环节的培育，而缺乏有效的途径使其将"知"付诸"行"。基于此，建立有效的"高校思政+社会实践"协同育人机制，则有利于搭建起"知"与"行"结合的桥梁，彰显思政课"知行合一"的理念，以此引导大学生实现对主观世界和客观世界的改造。

---

① 习近平谈治国理政（第3卷）[M]. 北京：外文出版社，2020：331.

一方面，"大思政课"背景下"高校思政+社会实践"协同育人机制的建立，有助于大学生主观世界进行积极的改造。高校思政课发挥和承担着诸多重要的功能和使命，其中一个重要的使命则是"改造人的主观世界"①。人的主观世界包括认识能力、思想观念、情感态度和意志品质等多方面，需要依托正确的世界观和方法论来进行形塑和改造。通过"大思政课""高校思政+社会实践"协同育人机制所形塑的正确的世界观和方法论的积极引导，大学生能够在社会实践中不断接纳和体悟高校思政课所讲授的理论知识，提升认识能力；将马克思主义信仰、共产主义远大理想、中国特色社会主义共同理想内化于心，深化政治认同，形成与主流意识形态要求相吻合的思想观念；在社会实践中直面现实问题，增强服务社会和热爱祖国的情感态度；在解决现实困难的过程中，加强对主观世界的探索和塑造，锤炼意志品质。

另一方面，"大思政课""高校思政+社会实践"协同育人机制的建立，有助于大学生客观世界进行积极的改造。在学校课堂教学和社会实践教学的共同合作下，大学生在高校思政课的理论指引下能够更有效地参与专业实习、生产劳动、志愿服务等实践活动，在真实的实践活动中将理论知识学透悟透，将社会主义核心价值观变成能够自觉奉行的日常行为准则，运用马克思主义立场、观点、方法分析和解决现实问题，将思政课所学的历史文化知识变成保护和传承中华优秀传统文化的现实行动，把为实现中华民族伟大复兴而奋斗的伟大抱负外化为自觉行动。

总之，在"大思政课"这一背景之下，"高校思政"与"社会实践"协同育人工作的开展，乃是思政课建设对"知行合一"理念加以贯彻与优化的题中应有之义和必然要求，更是引领学生对主观世界及客观世界予以改造的必经之路。

（二）实现思政课的人的全面发展目标

思政课把实现人的全面发展作为重要目标。就马克思主义关于人的全面发展学说而言，"人的全面发展是人的本质的真正实现"②，而人的本质在其现实性上是一切社会关系的总和，人的全面发展的实现与社会密不可分。就思政课教学内容而言，思政课的核心内容是马克思主义基本理论、马克思主义中国化、马克思

---

① 唐景莉，王锋，魏莉霞．统筹推进大中小学思政课一体化建设 [J]．中国高等教育，2020（19）：36-40+64．

② 薛天航，刘培林．在中国式现代化进程中促进人的全面发展 [J]．科学社会主义，2023（4）：22-27．

主义时代化的最新理论成果。马克思主义基本理论涉及物质世界的发展、人的认识的发展、人类社会的发展、人与物质世界的关系、人与社会的关系等原理，揭示了人们对于世界的整体性认知与基础性观点，涵盖了人们在认识世界和改造世界过程中所遵循的根本性方法。中国化、时代化的马克思主义的理论任务是确立"以促进人与社会的全面发展为主旨的马克思主义理论话语系统"①。因此，无论是从马克思主义的角度来讲，还是从思政课教学内容的角度来讲，思政课要想实现人的全面发展，必须高度聚焦社会现实，引导学生正确认识人与社会的关系，正确回答人与社会发展中具有方向性和根本性的问题，提高其现实性、针对性和有效性。"高校思政+社会实践"协同育人推动"思政小课堂"与"社会大课堂"紧密结合，让学生置身于现实社会，了解社会情况、锻炼社交能力，实现人的全面发展。

身处世界多极化、经济全球化、社会信息化、文化多样化的时代，人们只有具备网络信息检索、批判性思维、创新思维等多种能力，才能在多元价值碰撞、多种矛盾交织的环境中坚定目标和方向，实现自身的全面发展。高校大学生作为"Z世代"青年，思想前卫、眼界开阔、自我意识强烈，深谙网络社会的运行规则，但是由于他们年龄小、阅历浅，缺乏对现实社会的认知。传统的思政课以校内课堂为主，显然无法满足大学生亲身了解社会现实、提高社会适应能力的现实需求。"高校思政+社会实践"协同育人为人的全面发展提供丰富且广阔的社会实践条件和空间，促进学生的身心健康和人格塑造，有助于实现人的全面发展的目标。

（三）创新思政课实践教学模式

传统的思政课主要采取课堂讲授理论知识的教学模式，教师以教材内容为主，辅之以必要的社会热点新闻，对学生进行理论讲解。对于具备理论性强、涵盖范围广且逻辑严密等特性的高校思政课而言，理论教学的地位至关重要。然而，在当前纷繁复杂的社会思潮以及各类挑战的情境之下，传统的思政课教学模式显然难以契合现行社会的需求，也根本无法激发学生积极学习以及主动思考的兴趣。因此，高校应当走出"思政小课堂"，摒弃"满堂灌"等枯燥乏味的教学模式，寻找提高思政课效率、提升思政课教学效果的崭新路径。

"高校思政+社会实践"协同育人帮助高校思想政治教育走进"社会大课

---

① 邹诗鹏.马克思主义中国化与中国现代性的建构［J］.中国社会科学，2005（1）：16-21+205.

堂",架构起"高校思政"和"社会实践"联系的桥梁,"为高校思政课课程教学改革和社会实践活动创新提供实践育人平台"①,探索出一条全新的思政课教学模式。一方面,这一教学模式契合思政课的实践本性,构建起高校思政与社会实践之间合理的内在联系,更好地实现理论性与实践性的统一;另一方面,这一教学模式采取以志愿服务、实习实训、社会调研、文化交流、社区服务、创新创业等活动为主的教学方式,使学生的自主性和主体性在活动中得以充分发挥,实现从教师全方位把控到学生独立自主地实现自我教育的转变。

(四)遵循思政课实践教学的历史演进规律

中华人民共和国成立以来,我国在探索思政课建设的过程中重视高校思政和社会实践的结合,不断推动两者结合并向规范化、专业化、多样化的方向发展。"大思政课"背景下开展"高校思政＋社会实践"协同育人工作是思政课实践教学发展至今的必然选择,遵循中华人民共和国成立以来思政课实践教学的演进规律。

社会主义革命和建设时期,为推动思想政治教育服务于生产建设,党和国家鼓励师生参与社会实践。思政课的理论学习应当配合适当的实际行动,"使感性认识与理论知识相印证,取得巩固提高的效果"。②学生和思政课教师要有计划地参与以生产劳动为主的社会实践,锻炼学生的实践能力,提升教师队伍的整体素质。这一时期的实践探索是推进"高校思政＋社会实践"协同育人的初步尝试。

改革开放和社会主义现代化建设新时期,为推动学生深入了解社会发展的客观实际,树立起为建设社会主义而献身的信念,党和国家提出"要把社会实践纳入教学、教育计划"③,"努力争取和借助社会各种教育力量"④,着力探索实践育人的长效机制,为开展思政课实践教学提供经费、场地、资源等方面的支持。这一时期的探索为开展"高校思政＋社会实践"协同育人工作提供制度准备和资源支持。

党的十八大以来,为培养学生具备社会迅速发展所需的品格和能力,培育能

① 孙秀玲,郭倩倩.论"大思政课"视域下"思政小课堂"与"社会大课堂"的有效衔接[J].教学与研究,2023(9):113-120.

② 普通高校思想政治理论课文献选编(1949—2008)[M].北京:中国人民大学出版社,2008:8.

③ 《关于进一步加强和改进学校德育工作的若干意见》

④ 普通高校思想政治理论课文献选编(1949—2006)[M].北京:中国人民大学出版社,2007:167.

担当民族复兴大任的时代新人，以习近平同志为核心的党中央高度重视思政课建设，提出"'大思政课'我们要善用之，一定要跟现实结合起来"①，大力建设针对不同人群的社会实践基地，如高校思政课教师社会实践研修基地、青少年社会实践基地、大学生校外实践教育基地、高职实训基地等，打造"牢记时代使命，书写人生华章""百万师生重走复兴之路"等新时代社会实践精品项目。这些实践探索为开展"高校思政+社会实践"协同育人工作提供了场所和平台。

总之，自中华人民共和国成立以来，我国通过建立有关制度、提供人财物支持、建设实践基地、打造实践项目等方式，持续推进高校思政和社会实践相结合。"大思政课"背景下开展"高校思政+社会实践"协同育人工作，遵循中华人民共和国成立以来思政课实践教学的演进规律，是思政课与时俱进的必然要求。

二、开阔高校思想政治教育的系统性视野

"大思政课"之"大"在于构建起多维度、广视野、全方位的协同育人格局。其能够在多元化的社会实践场景之中，破除学校与社会、思想政治教育与其他学科、国内与国际的阻隔，将"大思政课"建设的质量与效果推升至新的高度。

（一）开阔高校思想政治教育的社会视野

传统的高校思想政治教育以课堂为主阵地、以校园为主场域，教学内容脱离现实社会。"大思政课"背景下，高校思想政治教育不能局限于学校范围之内，要将其视野从学校拓展至社会，紧跟时代潮流，把握社会发展的脉搏。"高校思政+社会实践"协同育人以问题为导向，突破思维局限，坚持系统观念，具备宏观视角，打破思政课的"孤岛"和高校的"象牙塔"，充分利用校内和校外一切可以利用的资源，发挥校园与社会的协同育人效能。

第一，将思政小课堂和社会大课堂相贯通。习近平总书记指出："要高度重视思政课的实践性，把思政小课堂同社会大课堂结合起来。"② 思政小课堂作为理论学习的核心阵地，凭借对马克思主义理论、社会主义核心价值观等内容的系统性讲授，为学生筑牢坚实的思想根基；而社会大课堂乃是实践教育的广袤舞台，学生借由参与社会实践、志愿服务、社会调研等多样活动，亲身感触社会现

① 杜尚泽."'大思政课'我们要善用之"（微镜头·习近平总书记两会"下团组"·两会现场观察）[N].人民日报，2021-03-07（1）.
② 习近平.思政课是落实立德树人根本任务的关键课程[M].北京：人民出版社，2020：20.

实,把在小课堂中习得的理论知识转化为认知社会、服务社会的切实行动。二者的有机结合,需要教育工作者引领学生在小课堂内深刻领悟、透彻把握理论的精髓要义,同时激励学生走出校园,在社会大课堂中验证真理、磨炼品格,构建"学用结合、知行合一"的优良教育生态,进而培育出既有深厚理论素养又拥有解决实际问题能力的新时代青年。"大思政课"要兼具宏观视野和具体落实,以思政小课堂学理之深充实社会大课堂,以社会大课堂场域之大拓展思政小课堂,在思政小课堂和社会大课堂的联合贯通中涵育思政课的吸引力、亲和力和感染力。具体而言,两种课堂的结合是学校思想政治教育和社会思想政治教育的互促共进,是思政课理论教学和思政课实践教学的相互补充,推动思政课成为立足实际、观照现实的生动课堂。

第二,将高校思政与社会实践相结合。与教育学领域中的其他实践教育相比,思政课社会实践依循思政课的内在逻辑,遵循思想政治工作规律、教书育人规律以及学生成长规律,汲取、整合和配置各种社会元素,达成社会资源在时间与空间范畴内的灵活调度和系统运行,拓展思政课的育人空间,构建具有全新形态与创新模式的思政课。一方面,推动校内实践岗位的挖掘,促进校园实践集成平台的搭建,丰富校内实践活动,为推动高校思想政治教育日常化提供机会;另一方面,加强学校与社会的交流合作,拓展思政课实践教学场所,构筑学校和社会协同育人体系,从而构建完整的"思想政治教育高质量发展协同育人共同体"。[①] 因此,"大思政课"赋予思想政治教育更加宽广的场域,使思想政治教育者具有更加多元的合作者和可利用的资源,形成多方合作、多种资源整合的协同育人共同体。

(二)开阔高校思想政治教育的学科视野

"大思政课"背景下"高校思政+社会实践"协同育人,通过与其他学科交流互鉴,实现了高校思想政治教育的跨学科发展,从而开阔了高校思想政治教育的学科视野,具体表现为以下两个方面:

第一,提升高校思想政治教育对社会问题的解释力。在社会发展进程中,民生、外交、国防等复杂问题时有出现,此类问题往往无法仅依靠单一学科的知识予以解决,而是需要对多门学科知识进行综合运用。作为社会治理的重要方式,

① 彭钰美,徐秦法. 新时代高校思想政治教育高质量发展论析 [J]. 学校党建与思想教育,2024(1):24-28.

新时期的高校思想政治教育工作，面临着包含网络安全、青少年心理健康、教育质量等在内的一系列"复杂性与整体性的现实问题"①。为了及时回应并切实解决这些现实问题、在新时期更好地践行立德树人的根本任务，思政课需要诉诸多学科、多领域的力量。在这个意义上，"大思政课"背景下"高校思政+社会实践"协同育人能够有力破解高校思想政治教育解释乏力的困境，提升高校思想政治教育对社会问题的把控力和解释力。首先，跨学科视野的引入，诸如与社会学、心理学、政治学等学科的有机结合，使思想政治教育能够更为全面地剖析社会问题，深度洞察其背后繁杂的成因以及多元的影响。其次，此种综合性的学科视角有益于教育者构筑起更为丰富且立体的理论架构，进而能够更为精准地阐释并解答学生在直面社会热点问题时所产生的疑惑与困惑。最后，拓展学科视野的同时推动了教育方法的创新。通过案例分析、专题研讨、社会实践等多样的形式，让思想政治教育更为紧密地贴近现实，增强学生的参与感与认同感，从而提升其对于社会问题的理解以及解决能力。

第二，促进高校思想政治教育的学科发展。在当今快速发展的社会中，各种不协调、不稳定因素决定着人们的思想问题日益复杂化，且出现新的样态，这意味着用既定范式和理论回应现实无法切中肯綮。因此，高校思想政治教育需要与其他学科互鉴，提升对社会问题的理论解释力和实际解决力。在知识化、信息化、数字化时代，构建"大思政课"跨学科知识谱系是大势所趋和发展所需。在跨学科融合发展理念的指引下，高校要突破学科边界，打破学科区隔，打造跨界合作的思政课，组建跨学科思政课教学共同体，"形成思想政治教育交叉学科研究学术共同体"②，开阔高校思想政治教育的学科视野，培养大学生跨学科学习和应用的素质能力，强化思政课教学实效。

（三）开阔高校思想政治教育的国际视野

"大思政课"背景下，思政课教学既要结合中国实践讲好中国故事，强化爱国主义教育，厚植爱国主义情怀，也要结合世界形势，向学生呈现中国在国际社会中的责任与担当。随着我国综合国力、国际影响力和感召力的稳步提升，中国为解决世界性问题积极贡献中国智慧和中国方案，得到国际社会的广泛认可和关

---

① 傅益南，汪勇.网络思想政治教育跨学科融合的动力来源与图景构建［J］.学校党建与思想教育，2023（22）：57-59+82.

② 侯勇，肖洋.扎根中国"田野"的思想政治教育学探索——作为思想政治教育学研究方法的田野调查［J］.思想教育研究，2023（7）：30-36.

注。要引导学生全面客观地认识当代中国、看待外部世界。

高校思想政治教育"就其自身领域特性而言，属于思想文化领域"①。面对全球范围经济全球化、世界多极化、文化多样化持续推进的新态势，中华民族始终秉持开放包容、兼收并蓄的文化理念，有效推动世界不同文明的交流互鉴，让中华文化在世界舞台上与多元文化碰撞对话。多元文化碰撞激发多种文明活力的同时，也冲击了大学生的思想观念，引发大学生的思想困惑。为解答大学生的思想困惑，思政课通过开展国内外调研等社会实践活动，拓展高校思想政治教育的国际视野，"在胸怀天下的国际视野中拓展思想政治教育的格局"②，引导学生在亲身实践中体会国内外的差异，在客观认识当代中国、审视外部世界中明辨是非，在文明交流和文化交锋中感悟马克思主义的时代感召力和理论说服力，进一步巩固马克思主义在意识形态领域的指导地位，坚定中华民族的文化自信。具体来说，高校有必要组织学生投身于国际交流项目、跨文化志愿服务或者海外实习之类的社会实践活动。此类活动不但能够使学生亲身领略不同国家与地区的文化、社会制度以及经济发展态势，而且能够推动他们同国际友人展开交流及合作，增进对全球问题的理解与认知。与此同时，教师应当引领学生依据实践经历，进行反思与思考国际事务，培育他们的全球意识以及国际责任感，以此拓展思想政治教育的国际视野。

三、优化思政课教师队伍的质量结构

优化思政课教师队伍是"大思政课"建设的基础，也是有效推动思政课高质量发展的重要保障。开展"大思政课"背景下"高校思政+社会实践"协同育人工作，能够通过扩充思政课教师队伍的数量、提升思政课教师队伍的质量，加强教师队伍建设，实现思政课教师队伍的整体性优化。

（一）壮大思政教师师资队伍

思政课教师队伍是开展思政课的主体实施队伍。"大思政课"之"大"，一个重要的指标在于思政课教师队伍的在数量和质量上的"配强配足"。2022年7月，教育部等十部门颁布的《全面推进"大思政课"建设的工作方案》中提出，

① 孙其昂，夏方坤．复杂境遇中思想政治教育现代性的社会建构［J］．河海大学学报（哲学社会科学版），2022，24（2）：15-21+109.

② 代玉启，于小淳．党的二十大报告赋能思想政治教育的三个维度［J］．思想教育研究，2023（2）：30-34.

要"构建大师资体系""建设专兼结合的师资队伍"。要实现思政课高质量发展，就要培育一批高质量的思政课教师，壮大思政课教师队伍。为此，要在发挥专职教师主力军作用的基础上，吸纳更多兼职教师投身思政课教学，打造一支结构多元、充满活力、能力突出的思政课兼职教师队伍，充实思政课教师队伍，为"高校思政+社会实践"协同育人储备师资力量。近年来，思政课教师队伍的数量和质量得到了进一步增加和优化，思政课教师队伍的主体责任也得到了进一步的明确。2020年，教育部颁布的《新时代高等学校思想政治理论课教师队伍建设规定》指出："鼓励高等学校统筹地方党政领导干部、企事业单位管理专家、社科理论界专家、各行业先进模范以及高等学校党委书记校长、院（系）党政负责人、名家大师和专业课骨干、日常思想政治教育骨干等讲授思政课。"在这里，教育部队将思政课教师的人员范围进行了进一步的拓展。其中，地方党政干部和企事业单位管理专家具有实践经验丰富、政策把握精准和桥梁作用明显的特征。一是实践经验丰富。他们通常具有丰富的工作经验和社会阅历，了解社会发展的趋势和现实问题，能够为思政课提供鲜活的案例，帮助学生更好地理解理论知识，并学会如何将理论知识应用于实际工作和生活中。二是政策把握精准。地方党政干部对国家的政策、方针有深入的理解和把握，能够确保思政课教学的政治方向正确，符合国家的教育目标。同时，他们的参与也可以帮助思政课教师更好地理解和解读政策，使教学内容更加贴近时代、贴近社会。三是桥梁作用明显。他们可以作为学校与社会的桥梁，促进学校与社会的紧密合作，打破学校与社会的隔阂，为学生提供更多的实践平台和创新创业机会。

社科理论专家和名师大家有助于拓展师生学术视野、创新教学方法、提升教师的专业素质。一是拓展学术视野。社科理论专家和名师大家具有"较强的科研能力和深厚的理论积淀"[①]。在社科理论专家的引领与阐释之下，师生能够触及最为前沿的学术研究成果及理论动态，进而拓展自身的学术视野，强化对学科发展趋向的把控能力，增进思政课的学术特质与时代属性。二是创新教学方式。名师大家通常拥有丰富的教学经验以及独树一帜的教学方法，他们能够凭借创新型的教学手段与方式，突破传统的教学模式，激发学生的学习热忱，提升思政课的教学成效。社科理论专家及名师大家的参与，能够为思政课教师提供学习与交流的契机，推动教师的专业发展和素质进阶，提升教师的教学水准与研究能力，进

---

① 徐蓉，周璇. 师资联动：构建"大思政课"育人格局［J］. 思想理论教育，2022（4）：25-30.

而更优地践行育人使命。

各行各业先进模范具备榜样示范、价值引领、职业规划指导的作用。一是榜样示范作用。先进模范作为各自领域的佼佼者，其成功经历、高尚品质、职业操守和突出贡献为学生树立了鲜活的榜样。学生通过对先进模范事迹的接触与学习，可有效地激发自身的上进心与进取心，进而明晰个人的职业目标以及社会责任。二是价值引领作用。先进模范具有"积极进取、崇德向善的高尚情操"[①]，他们通过自己的言行传播正能量，弘扬社会主义核心价值观。这种价值观的引领有助于学生在多元化的社会环境中坚守正确的道德观念，形成健全的人格和良好的道德品质。三是职业规划指导作用。作为行业领军人物或杰出代表，先进模范对职业发展有着深刻的理解和独到的见解。他们的职业规划指导可以帮助学生认清自己的优势和不足，制定合理的职业目标和发展规划。

高校党委书记、校长、院（系）党政负责人、专业课骨干、日常思想政治教育骨干等群体是思政课开展的重要支撑力量，具有提供思政课政策落地，推进教育资源整合，推动"课程思政"建设，实现思想政治教育日常化，形成多方协同、合力育人的效果。一是高校党委书记校长作为学校的顶层领导者，能够制定和推动符合"大思政课"理念的顶层设计和政策，确保高校思政与社会实践相结合的教学模式得到制度上的保障和资源上的支持。二是院（系）党政负责人是连接校级政策和基层教学的关键纽带，负责整合本院（系）的资源，确保思政课与实践活动紧密结合，并根据本院（系）特点和学生需求进行具体落实。三是专业课骨干教师于传授专业知识之际，将思政元素自然融入课程，这有益于推进"课程思政"建设，使学生在进行专业学习之时，同步接受思想政治教育，达成润物细无声之成效。四是日常思想政治教育骨干和学生的日常学习生活紧密相连，能够于日常管理中及时洞察学生的思想动态与需求，持续且深入地开展思想政治教育工作。

总之，上述群体之间能够通过有效的沟通和协作，在各自的职责范围内发挥优势、相互补充，形成一支高水平思政课兼职教师队伍，壮大思政教师队伍，并进一步形成多方协同的育人机制，共同为学生营造全面、立体的思想政治教育环境。

---

① 习近平对全国道德模范表彰活动作出重要指示强调深化群众性精神文明创建活动着力培养担当民族复兴大任的时代新人［N］. 人民日报，2019-09-06.

（二）提升思政教师队伍的质量

“大思政课”背景下“高校思政+社会实践”协同育人通过组织思政课教师参与社会实践活动，增强思政课教师对社会现实的认知和理解，提高思政课教师的政治素养、实践教学能力和科研水平，从而提升思政课教师队伍的质量，具体表现为以下三个方面：

第一，有助于提高思政课教师的政治素养。思政课教师要“具备站定讲台的政治素养”①，必须政治立场坚定、政治嗅觉敏锐、政治头脑清醒。政治素养的培养既需要学习马克思主义基本原理和马克思主义中国化最新理论成果，更需要在实践中锻炼明辨是非的能力。提升思政课教师队伍的质量，对于增进其政治素养存在诸多积极效应。其一，深度推进政治理论学习，保证教师能够精准把控国家政策及走向，强化政治敏锐性与鉴别力。其二，经由教学研究及实践，教师持续探寻并创新教学手段，可使政治理论更具活力、更贴合学生实际情况，进而增进教学成效以及学生的政治认同感。其三，思政课教师队伍质量的提升推动教师注重个人言行表现，充当学生学习政治的榜样，加强师德师风建设。综上所述，这一系列举措有益于构建一支政治立场稳固、专业素养卓越、教学能力强劲的思政课教师团队。

第二，有助于提高思政课教师的实践教学能力。实践教学是思政课教学不可缺少的重要组成部分。单纯的思政课理论教学较为枯燥、抽象，学生常常感觉索然无味，从而消耗学生学习马克思主义有关理论的兴趣和热情，容易形成教师机械讲授、学生被动接受的局面。其主要原因是部分教师理论水平很高，但是囿于自身工作领域，导致社会阅历不足、实践经验欠缺，讲授思政课容易从理论到理论，缺少生动的实践案例。作为思政课实践教学的开发者、组织者和引导者，教师应当具备较强的统筹安排、沟通协调、创造创新等能力，善于与他人建立互助合作关系，而这些能力只有在社会实践中才能习得和提高。通过定期开展专业培训、学术交流以及教学研讨活动，教师们得以持续更新自身的教育理念，掌握最新的教学方法及手段。与此同时，积极激励教师深入社会实际领域，投身实践调研工作，将理论知识与现实生活予以融合，让教学内容变得更为生动且富有活力。

---

① 曾令辉．论新时代思想政治理论课教师育人核心素养［J］．马克思主义理论学科研究，2023，9（10）：102-110．

第三，有助于提高思政课教师的科研水平。思政课具有理论性强、逻辑性强、语言表达精练、内容高度浓缩的特点，要把"政治之理、学术之理、事实之理"① 讲明白、讲清楚、讲透彻，让学生真学、真信、真懂、真用，绝非易事。卓越的教师团队不但能够深入浅出地传授理论知识，而且能够凭借高尚的师德师风对学生施加影响，充分激发他们的学习兴趣以及爱国情感。与此同时，思政课教师队伍质量的增强与科研水平的提升存在着直接关联。高水准的教师在教学实践过程中能够更为敏锐地察觉研究的热点与难点问题，将教学实践和理论研究进行紧密融合，进而形成具有创新性和影响力的科研成果。这不但使思政课的理论体系得以丰富，还增强了教学内容的时代特性和针对性，为学生赋予了更为宽广的思维视角以及更为深刻的价值引导。因此，思政课教师在教学之余，必须潜心研究思想政治理论，探寻事物的本质及其发展的内在规律，以教学带动科研、以科研反哺教学，实现教学与科研的相互促进。社会实践是科研的源头活水，在社会实践中观察、分析、解决社会问题，推动实践基础上的理论创新。

四、提升大学生学习思政课的现实获得感

"大思政课"注重将思政课的教学内容和教学环境面向社会、走进生活为主要特征，贴近大学生的生活，使思政课的价值真正贯穿于大学生求学和生活的多个领域。因此，要特别重视社会实践对大学生现实获得感的影响，概言之，这种获得感表现为增强大学生对党和国家理论认同感、解决思想困惑的需求满足感和提升担当时代使命的社会责任感三个方面。

（一）增强大学生的理论认同感

与单纯的思想政治理论教学相比较，社会实践所赋予的获得感乃是切实存在的，在生产劳动及亲身经历过程中所获取的锻炼，是理论教学难以达成的。

第一，从理论之"抽象"，走向实践之"具象"，在亲身实践中感悟真理魅力。思政课所教授的理论往往深邃抽象，这些理论反映了人类社会漫长的发展史、中华民族灿烂辉煌的发展史、中国共产党披荆斩棘的奋斗史，结合了哲学、心理学、政治学、逻辑学诸多学科的理论知识，是经过实践检验的科学真理，因此，思政课仅凭教师的课堂讲授难以达到启智润心的效果，给学生以"隔靴搔

① 苏玉波，张胜军. 高校思想政治理论课以理服人面临的难题与提升路径［J］. 思想教育研究，2022（3）：97-103.

痒"之感。只有将高校思政与社会实践结合，才能让大学生在实践中体会先辈的负重前行和无私奉献，将理论知识和实践问题对应起来，真正达到"形成理论认知、内化理论逻辑、深化理论认同"①的理想效果，在不断地尝试和锻炼中感悟理论的真谛。

第二，增强大学生参与教学的主体性，提升思政课育人效果。在校内的思政课中，学生在教师的指导下，在有限的空间和时间内接受教育和锻炼。虽然翻转课堂等新颖的教学方式给予学生更多展示和锻炼自我的机会，但是校内的活动终归是有限的。高校思政与"高校思政+社会实践"协同育人，这两种教学方式对学生的影响不可同日而语。在"高校思政+社会实践"协同育人模式下，由于社会实践无法以逸待劳，投入程度与获益多少成正比，教师在其中更多是扮演指导者、守卫者的角色，大学生参与教学的主体地位更加明晰。这一协同育人模式"打破了学校单一主体的'象牙塔'式育人"②，让大学生在社会的大舞台上锤炼本领。进一步而言，相较于单纯的社会实践，"高校思政+社会实践"协同育人在给予大学生价值引领和自由的同时，能够在关键时刻为大学生指点迷津、答疑解惑，让学生不致在实践中迷失自我、误入歧途，发挥思政课的兜底作用，为培养时代新人奠定坚实基础。

（二）提升大学生的需求满足感

增强人民获得感重在满足民生需求。具体而言，当思政课教学内容与大学生的现实需求相符合时，"大学生就会主动接受此类信息的输入"③，进而提升大学生的现实获得感。"大思政课"背景下"高校思政+社会实践"协同育人恰恰满足了大学生对于开阔眼界和增长才干的现实需求，有助于增强大学生的需求满足感。

第一，开阔视野，促进学生成长。当代大学生刚刚从紧张急迫的高中阶段"解放"出来，内心渴求无拘无束的生活状态，对世间万物充满好奇。开展"高校思政+社会实践"协同育人工作，可以帮助大学生在积极投身社会实践过程中开拓视野，增长阅历见识。例如，近年来，全国各地广泛开展大学生假期"返家

① 任瑞姣."大思政课"视域下加强思政课实践育人探析［J］.思想理论教育导刊，2022（4）：135-140.

② 邵晓枫，郑少飞.新形势下的家校社协同育人：特点、价值与机制［J］.现代远程教育研究，2022，34（5）：82-90.

③ 黄淑瑶.马克思"人的本质"理论对提升大学生思想政治教育获得感的启示［J］.学校党建与思想教育，2024（2）：27-30.

乡"社会实践活动，为大学生提供党政机关、事业单位和企业的实习岗位，帮助返乡大学生了解家乡发展、加强岗位认知、知晓工作纪律，为广大青年提供躬身实践、施展才干的广袤舞台，有利于青年学子开拓视野，了解家乡的发展变化，在实现自身发展的同时助力家乡振兴。因此，"高校思政+社会实践"协同育人推动大学生走出校园、走向社会，为大学生提供更广阔的视野和平台。

第二，增长才干，明确就业方向。鉴于当下严峻的就业态势，众多大学生对自身的职业规划予以了更高程度的重视，旨在为后续切实踏入社会筹谋准备。由此，明确就业方向、锤炼就业技能成为他们的核心诉求之一。"高校思政+社会实践"协同育人有助于满足大学生的现实需求，"引导学生提前进行职业分流和就业定位"，帮助学生了解自身能力与意向求职岗位之间的差距，"为在就业创业中成就自我、服务人民、奉献祖国夯实技能基础"[1]。

（三）提升大学生的社会责任感

当代大学生具有积极进取、思维活跃的特点，他们关注社会现实、心系国家发展，正处于世界观、人生观、价值观形成的关键阶段。但是由于心智不成熟、缺乏社会经验，许多大学生对我国社会转型期涌现的社会矛盾和社会问题感到焦虑和困惑。

提升大学生的社会责任感应当诉诸社会现实和大学生所处的客观环境。大学生的思想困惑源于用互联网之"管"窥现实社会之"豹"，缺乏对现实社会的整体感知和真实感受。因此，"大学生可以通过多参加社会实践来促进个体的社会化进程"，在与社会现实的真实互动中"提高社会化技能和社会适应能力"[2]，提高对现实社会的归属感和责任感。在"高校思政+社会实践"协同育人的作用下，大学生在思政课教师带领下立足客观实际、聚焦社会问题、剖析问题成因，进而化解思想上的谜团，厘清观念上的误区，激发大学生的社会责任感，积极为解决社会问题献计献策，增进对主流价值观念和社会主义意识形态的理解和认同。

"高校思政+社会实践"协同育人促进大学生将社会责任感内化于心、外化于行。"高校思政+社会实践"协同育人促进大学生了解社情民意，增长阅历见

① 马福运，陈雨昕．时代新人培养：深刻意涵、理论溯源和培育路径［J］．思想战线，2024，50（1）：164—172.

② 杨克，王玉香．走不下"高台"：大学生就业社会适应困境的社会空间理论分析［J］．中国青年研究，2024（1）：14—20.

闻，引导大学生亲眼所见、亲耳所闻、亲身所感国家政策的实施带给人民的安居乐业、家乡的发展进步和社会的长治久安，增强大学生反哺家乡、回馈社会、报效祖国的意识。此外，"高校思政+社会实践"协同育人有助于激励大学生学以致用，肩负起作为新时代青年的使命担当，指引大学生朝着服务人民、奉献祖国的方向奋勇前行，实现个人价值和社会价值的统一。

五、完善"大思政课"工作的系统性格局

"大思政课"背景下，"高校思政"与"社会实践"协同育人通过统筹协调思政课的教学内容、教学方法、教学资源、教学评价等各个组成部分，从而促进"大思政课"顶层设计的加强、"大思政课"合作平台的搭建、"大思政课"评估机制的优化，实现"大思政课"工作格局的完善和落实。

（一）加强"大思政课"顶层设计

顶层设计是指从战略高度观照、统筹全局，并作出整体规划。"大思政课"只有形成科学合理的顶层设计，才能促进"大思政课"所涉及的教学内容、教学方法、教学资源实现统筹规划和协调，确保各个环节之间的衔接和配合，形成完善高效的"大思政课"工作格局，提高思政课教学效果。加强"大思政课"的顶层设计，必须"调动和汇聚社会全员的育人力量，依靠社会多方力量的共同配合和鼎力支持"①，推动"大思政课"更加贴近现实、走向社会。

"高校思政+社会实践"协同育人有助于加强"大思政课"顶层设计。其一，促进资源整合，推动"大思政课"顶层设计更加全面。"高校思政+社会实践"协同育人为思政课提供了校内和校外丰富的教育资源和实践平台。在这一协同育人模式的效用驱动下，高校能够全方位对这些资源加以利用，达成资源的优化配置以及共享目标，推动"大思政课"顶层设计与规划教学内容、教学方法以及教学评价等维度更为全面且深入，健全"大思政课"工作格局。其二，提升教育的针对性，推动"大思政课"顶层设计与时俱进。社会实践乃是持续创新与演进的范畴，其与高校思政的融合，能够导入崭新的教育理念、教学方式及技术手段，助推"大思政课"的创新性发展，有益于"大思政课"在顶层设计层面于教学内容、教学方法及评价机制等维度持续展开探索并实现突破，使"大思政

---

① 徐志萍．"大思政课"的理论内涵、现实价值与实践路径［J］.中学政治教学参考，2023（32）：41-44.

课"更契合时代的发展趋向及学生的需求状况。其三,强化实践导向,推动"大思政课"顶层设计更加贴近现实。通过结合社会实践,高校思政能够更加紧密地联系社会现实,使其教育内容更具实践性和导向性,这有助于"大思政课"的顶层设计更加贴近实际,确保教育目标与社会需求相契合,推动"大思政课""各方面各环节衔接得当、协同发力"①,从而提升"大思政课"的整体效果。

(二)搭建"大思政课"合作平台

搭建"大思政课"建设的合作平台,"有利于打通各种主体和资源之间存在的壁垒"②,为完善"大思政课"工作格局提供协同教学和创新发展等方面的支持。"高校思政+社会实践"协同育人有助于搭建"大思政课"合作平台,拓展"大思政课"格局,主要体现在以下几个方面:

第一,实现资源共享,为搭建"大思政课"合作平台提供丰富的教育资源。高校思政与社会实践各自拥有独特的资源。"高校思政+社会实践"协同育人可以实现资源的共享,为搭建"大思政课"合作平台提供更为丰富和多样的教育资源,"把课内与课外、校内与校外、理论与实践的一切育人主体和要素广泛调动起来"③,增强思政课的吸引力和影响力,提高教学效果和学习体验。

第二,实现优势互补,促进"大思政课"合作平台实现理论与实践相结合。高校思政主要侧重于理论知识的传授和价值观念的引导,而社会实践则更加注重实际操作和问题解决能力的培养。"高校思政+社会实践"协同育人可以将理论知识与实践活动相结合,使学生在实践中深化对理论知识的理解,提高解决问题的能力,有助于搭建一个理论与实践相结合的"大思政课"合作平台,促进学生的全面发展。

第三,拓展教学空间与形式,推动"大思政课"合作平台更加灵活和开放。传统的思政课程通常被限制于课堂内部的教学范畴,然而,社会实践能够为学生赋予更为宽广的学习空间以及多元的学习形式。"高校思政+社会实践"协同育人模式能够拓展思政课程的课堂范畴半径,实现课堂内教学和课堂外实践活动的有机融合,塑造出开放、多元、互动的教学情境,有利于构建一个更具灵活性与

① 谭志敏,张齐学.新时代"大思政课"建设的系统审视[J].华南师范大学学报(社会科学版),2023(6):157-165+208.

② 石书臣,韩笑."大思政课"协同机制建设:问题与策略[J].思想理论教育,2022(6):71-76.

③ 良警宇,罗秋宇.革命文物融入"大思政课"的建设机理与实践路径[J].中国青年社会科学,2024,43(1):44-54.

开放性的"大思政课"程合作平台，充分激发学生的学习兴趣与积极性。

第四，促进互利共赢，为多方合作与交流搭建合作平台。"高校思政+社会实践"协同育人促进学校、社会、学生等多方之间的交流和合作，形成互利共赢的合作机制。通过搭建"大思政课"的合作平台，可以加强各教育主体间的协同联动，共同推动思想政治教育的创新与发展。

总之，"高校思政+社会实践"协同育人有助于搭建思政课合作平台，通过资源共享、理论与实践相结合、拓展教学空间与形式以及促进多方合作与交流等方式，构建校社联动、协同育人、多元共建的"大思政课"工作格局。

（三）优化"大思政课"评估机制

"大思政课"建设效果评估机制的建构，能够为完善"大思政课"工作格局提供质量保证和改进动力。"高校思政+社会实践"协同育人有助于优化"大思政课"评估机制，主要基于以下几个方面：

第一，综合评估学生的学习成果。传统的思政课评估往往侧重于理论知识的考核，而难以全面评估学生的综合素质和能力。"高校思政+社会实践"协同育人有助于"建立健全思政课实践教学的考核评估机制"[①]，综合评估学生在理论知识、实践应用、创新能力、团队协作等多方面的表现，能够更加全面、客观地反映学生的学习成果，有助于更准确地评价思想政治教育的效果。

第二，实时反馈与调整教学策略。社会实践为学生构建了真切的环境与场景，促使学生能够在实际操作进程中体悟和领会思政课的内涵。在"高校思政+社会实践"协同育人这一机制的作用之下，教师凭借社会实践所给予的反馈，及时洞悉学生的学习状况与存在的问题，进而依照实际情形对教学策略及方法予以调适和优化，有助于教师更精准地把控学生的学习需求，增强教学的针对性与实效性。

第三，增强评估机制的实际性和有效性。传统的评估机制往往过于注重理论知识的考核，而缺乏对学生实际应用能力的评估。"高校思政+社会实践"协同育人可以使学生在实际操作中展示自己的能力和水平，使评估更客观地反映学生的综合素质和能力，"避免单一的数字化、简单化考核方式"[②]，提高评估的有

① 李博，倪松涛．习近平新时代中国特色社会主义思想传播的教学新模式探究［J］．思想理论教育导刊，2019（2）：101-104.
② 代玉启，李济沅．新时代高校"大思政课"建设理路创新研究——以社会运行为主要视角［J］．马克思主义与现实，2022（6）：132-138.

效性。

第四，推动"大思政课"不断改进与创新。"高校思政+社会实践"协同育人注重学生的全面发展和综合素质的提升，这也要求"大思政课"不断创新和改进，以适应学生和社会的发展需求。通过针对"大思政课"展开的评估工作，能够察觉其中现存的问题与缺陷，进而促使课程实现改进与创新。与此同时，源自社会实践方面的反馈信息及相关建议，也为课程的改进给予了颇具价值的参照。

总之，"高校思政+社会实践"协同育人有助于优化"大思政课"评估机制，通过综合评估学生的学习成果、实时反馈与调整教学策略、增强评估机制的实际性和有效性以及推动"大思政课"不断改进与创新等方式，提高评估的准确性和有效性，推动"大思政课"的不断完善和发展。

在"大思政课"背景下，"高校思政+社会实践"协同育人模式通过优化理念、实现目标、创新模式、遵循规律等方式，推动思政课建设的改革创新；通过搭建跨场景、跨学科、跨国界的沟通渠道，促进高校思想政治教育具备系统性、整体性视野；通过实现思政课教师队伍量的提升和质的飞跃，提升思政课教师的整体水平；通过感知大学生的所思所想、激发大学生的真情实感，提升大学生的现实获得感和幸福感；通过在纵向上加强顶层设计、在横向上搭建合作平台、在过程上优化评估机制，全方位完善"大思政课"工作格局。总之，"高校思政+社会实践"协同育人系统在课程建设、视野拓宽、队伍优化、情感获得、完善格局五大方面，展现出独特的价值意蕴。

第三章

"大思政课"背景下"高校思政+社会实践"协同育人的多维透析

本章从多个维度对"大思政课"进行分析，对"高校思政+社会实践"协同育人的核心要素、关键问题、核心理念等方面进行系统性分析，有利于加深对"大思政课"理论教学与实践教学相结合的要素结构和价值功能的内涵式理解。

第一节 要素分析

要素是"大思政课"体系的基本构成因素，也是使"大思政课"发挥好校内思政与校外思政协同育人作用的关键因素。构建"大思政课"背景下高校思政与社会实践协同育人体系的过程中，需要从多主体的角度重新审视包括主体、内容、方法、载体、情境、目标等全要素、全链条的作用机制，不断优化和调整要素配置的组合结构，提升"大思政课"建设同向同行、合力育人的整体有效性。

一、主体的多维拓展

作为开展教育的发起者、引导者，"大思政课"的教育主体是一个涵盖面很广的教育群体。在"大思政课"教育空间的延展、教育要素的革新、教育边界的突破以及教育结构重塑的驱动下，教育主体能够发挥积极的引导功能，丰富教育客体的认知，满足教育客体的多元诉求，在实现社会资源有效转化为育人资源的过程中达成立德树人的教育目标。基于此，"大思政课"背景下的教育主体建设，是对传统思政课主体队伍建设的多维拓展，也是对传统思政课主体塑造和培养模式的发展创新。

关于新时代思政课主体建设，党和国家相关部门在《关于深化新时代学校思想政治理论课改革创新的若干意见》《全面推进"大思政课"建设的工作方案》等文件中做出了明确部署，对校内思政课队伍建设、校内校外兼职教师、社会各行业先进代表成为思政课主体的制度进行了明确规定。这些规定不仅有力地强化了思政课教师队伍的多元化特质与专业化水平，而且极大地推动了"大思政课"格局的构建成型，切实保障了思政课堂与社会实践的无缝衔接，显著增强了思政课的感染力与实效性。

（一）关于思政课教师队伍

在文件上要求配足思政课教师编制，补齐编制缺口，加大对优秀教师的培训力度。近年来，为切实有力地推进高校思政课教师队伍建设，教育部发布了《普通高等学校思想政治理论课教师队伍培养规划（2019—2023年）》《新时代高校思想政治理论课教师队伍建设规定》等一系列具有重要意义的文件，针对高校思政课教师队伍建设制定了全面的总体规划以及详细的具体要求。在现实工作中，强化专业认知、提高理论水平、优化教学技能对于思政课教师队伍建设具有普遍意义。[①] 关于思政课教师的潜在能力和资源，文件指出"各高校可在与思政课教学内容相关的学科选择优秀教师进行培训后充实思政课教师队伍，可探索胜任思政课教学的党政管理干部转岗为专职思政课教师机制和办法，积极推动符合条件的辅导员参与思政课教学"。不仅如此，文件为思政课教师的师资培训提供充足的支持，要求加大红色研修班的建设，在攻读博士计划、项目申报，津贴、绩效管理中给予政策倾斜，加大后备人才的培养、大马理论的硕士博士培养力度，开设马理论的本科生专业。另外，为增强社会影响力，还要加大对主流媒体和优秀思政课教师的报道，突出模范引领作用。

（二）关于特聘、兼职教师

采取特聘教授和兼职教师制度，主动邀请党和政府的领导人、科研人员、资深党员以及各行各业的先锋人物，兼任思政课教师岗位，以此培育年轻的马克思主义理论学者。同时，鼓励社会各界的杰出代表参与思政课程的教育与讲授工作。选拔并聘用杰出的地方政府官员、资深的企事业单位专家、知名的社会科学理论专家、专业课程核心教师、思想政治教育的骨干、行业先锋及大学负责人、著名教育家等加入思政课的教学队伍。通过建立和完善兼职教师制度，形成一个稳定的聘任机制，使社会各界的杰出代表，如大国工匠、劳动模范、英雄人物等，还有红色教育基地如革命博物馆、纪念馆、党史展览馆、烈士公墓的讲解员和志愿者，能够定期进入大学参与思政课程的教学活动。

在新时代"大思政课"建设的宏观视野之下，思政课建设的主体较之于过往呈现出更为广泛的群体性与群众性特质，在社会交往进程之中发挥着巨大的教育潜能。需充分发挥各自的专长与角色功能，在理论与现实的相互交融中，应由

---

① 徐曼，黄祎霖．高校思想政治理论课教师实践性知识及其生成［J］．思想理论教育，2024（6）：74-80.

具备专业能力与社会实践能力的教育者引领"大思政课",特别是调动在更多社会领域中发挥关键教育兼职及辅助作用的群体。

（三）各教育主体的协同合作

"大思政课"协同育人机制包含学校教育主体、社会教育主体和网络媒介教育主体等各教育主体,各主体秉承着全局、全过程、全体的理念,通过有序的排列,发挥协同合作的有效的机制联动。对教育主体进行有序组织、资源支持和教育引导,使各主体的认知觉悟达到相应水准,促进各领域教育主体共同进行思政一体化建设,形成"学校+社会"的德育共同体。鉴于教育主体所发挥的教育功能存在直接与间接之别,所呈现的教育形式亦有显性与隐性之分,在对其功能与职责予以定位时,需实施有序分类,不可推行"平均主义",其责任与待遇亦不应平均化,而要开展具有针对性的精准化、体现层次性的梯队建设。

发挥教育主体在不同领域和时间段的角色功能,发挥制度化的规范和非制度化的主体优势,不仅有传统意义上的思想教育工作者、党政干部、思政课教师、辅导员班主任、行业先锋模范,还有网红、明星、社会团体、企业家、网络意见领袖、虚拟动画主角。此外,要在"大思政课"中发挥产学研结合的优势。

二、内容的系统整合

"大思政课"的内容,即解释了"大思政课""学什么"的问题。在"大思政课"的背景之下,探寻思政理论性知识同社会实践性知识相融合的可能性边界,这象征着中国自主知识体系构建的持续生成,乃是将新一轮科技革命与新时代我国独有的社会发展加以结合的时代成果。以文科知识分类为前提条件,"大思政课"的教学内容体现为实践价值与社会规范的价值立场,需对理论知识予以重新组合。

社会实践为"大思政课"教学内容的开展提供验证和确证,在保证知识体系完整性的同时,与社会实践的现实需求相结合,以社会热点和学生在现实生活中关心的问题为风向标。"大思政课"作为课的内容,包含着丰富的知识资源,实际上,社会大课堂是无字之书,具有更加丰富的知识内容。因此,"大思政课"融入社会实践在内容的整合的过程中,不仅要注重教育内容与学生需求的精准对接,还要具体做到以下几点:

（一）内容的精准性

在内容设置上要坚持以人为本,满足人的精神成长的需求。

首先，明晰思政教育目标。高校应当明确且清晰地设定思政课程的教育目标，以保证社会实践内容与这些目标高度契合，杜绝偏离主题以及形式化的现象。其次，深度挖掘思政元素。依据社会实践活动的具体类别，全方位深入探寻其中蕴含的思政元素。譬如，在志愿服务活动中突出奉献精神，在理论宣讲过程中融入爱党爱国的情怀，以此确保每一项活动都能够精确地传递思政相关信息。再次，结合学生实际状况。依照学生的专业背景、兴趣爱好以及心理需求，精心设计与其相适配的实践活动，促使思政教育更具针对性和实效性。最后，构建科学的评价机制。通过确立具体的评价指标以及权重分配，对社会实践活动的整个流程进行质量把控，保障思政教育内容的精确落实。与此同时，及时反馈评价结果，持续优化整合流程，提高内容的精准程度。

（二）内容的实践性

要解决实际问题，对大学生生活、就业、情感、学习等多方面的困惑，不仅要学校理论知识的答疑释惑，而且要通过社会资源在贴近生活的中发挥应有的引导作用。通过社会实践，推动学生在真实情境中运用所学知识，解决实际问题，同时，感受社会的动态，增强适应能力。学校应当整合诸如企业合作、社区联动等社会资源，搭建实践平台，让学生在贴近生活的场景中得到引导，不仅为其解惑，更旨在促进个人的全面发展。这种内容的实践性整合，其目的在于培养兼具理论素养和实践能力的复合型人才。

（三）内容的丰富性

在变化中寻找不变的东西，用不同的社会资源满足既定思政课的教育目标。为适配人于社会实践中所受社会赋予的多重影响，以及人的生存空间体验所具有的变换性与体验性，"大思政课"在空间向度和时间向度层面，为思政教育的内容创生了更为丰富的可能性空间，探寻内容创新在实体层面的载体、资源等思路，以及在经验文化方面软性的成果和实践创新。高校思想政治课具有"大视野"特点，其所涵盖的内容范围广泛，对学生的教育提出了更高的要求。首先是教学范围广，"思政课教学涉及马克思主义哲学、政治经济学、科学社会主义，涉及经济、政治、文化、社会、生态文明和党的建设，涉及改革发展稳定、内政外交国防、治党治国治军，涉及党史、国史、改革开放史、社会主义发展史，涉及世界史、国际共运史，涉及世情、国情、党情、民情等①"。思想政治课教学

---

① 习近平. 论党的宣传思想工作 [M]. 北京：中央文献出版社，2020：378.

对教师的整体素质提出了更高的要求，体现出与其他学科的不同特点。其次是教学更新快，"国内外形势、党和国家工作任务发展变化较快，思政课教学内容要跟上时代，只有不断备课、常讲常新才能取得较好教学效果"。① 也就是说，相较其他学科的教师而言，高校思政课教师更有必要紧密跟随时代发展的进程，不断对自身的知识体系予以更新。最后是教学内容丰富而复杂，其复杂度由内容的整体性、理论深度和价值导向共同决定。

（四）内容的整体性

教育内容要体现与社会的贴近性、结合性，内容选取要有生动性，要选取鲜活的案例，核心在于用诠释社会的理论来充实思政课内容，让国家和民族的生动的历史实践，新时代国家社会发展的生动现实来充实丰厚的理论积淀。结合统筹好国内外两个大局，在全球化背景下国与国交流日益密切的背景下，思政课的开展也受到国际局势变动的深刻影响，此处的大社会的范围也延伸到国际社会，要引导大学生树立正确的价值观，对国际形势的认识，在比较视野中认清中国发展的社会形势。

（五）内容的理论性

需要具有透彻性的理论，具有涵盖系统性和丰富性的内容。"大思政课"涉及"五位一体"、党史、治国理政等多方面的内容，全面阐述经济、政治、文化、社会、生态文明建设，展现中国特色社会主义事业的全局性理论框架；系统回顾党的发展历程，揭示党在不同历史阶段的理论创新和实践成果，展现党的历史使命和理论贡献；体现党对国家治理现代化的全面规划和科学部署。运用马克思主义世界观方法论对内容进行概括、凝练。通过理论阐述、案例分析以及历史回顾等手段来彰显其理论特质。理论阐述赋予了内容以系统性和逻辑性；案例分析促使理论与实践彼此融合，强化了说服力；历史回顾则披露了理论的历史源头和发展轨迹，彰显出理论的连贯性与继承性。

（六）内容的价值性

内容当中要体现爱党爱国，使青年人树立使命担当，培养时代新人。思政课作为一门核心课程，旨在向青年灌输马克思主义的理论体系，帮助他们掌握其基础原理和方法论。在这个过程中，青年能够塑造正确的世界观、人生观和价值观，同时确立宏伟的人生目标和坚定不移的信仰。在思政课的指导下，青年将学

---

① 习近平．思政课是落实立德树人根本任务的关键课程［J］．新长征（党建设），2021（3）：4-13.

习如何运用马克思主义理论深入理解人类社会的历史进程，并在此基础上激发他们立志为国家、为人民、为全人类的福祉而奋斗的决心。课程鼓励青年以民众为榜样，与民众同行，服务于民众，培养他们的高尚品德。同时，思政课也引导青年超越自我中心的局限，实现从个体"小我"向关怀人民和人类的"大我"转变。此外，思政课还激励年轻人通过培养坚忍的意志、提高个人技能和拓展才能，为将来肩负起献身国家、服务人民甚至造福人类的崇高职责做好准备。这样的教育不仅是关于知识的传授，更是对青年进行全方位人格塑造的过程，赋予他们开阔的视野、远大的格局、深邃的智慧、高尚的德行和勇敢的担当。

三、方法的守正创新

借鉴中国哲学社会科学的自主知识创新之方法，对人文与科学的教学方法予以有机融合。"大思政课"在育人过程中存在方法和方法论的差异。思政课的方法是指人们为了认识世界和改造世界所采用的方式、手段和程序的总和。相比之下，"大思政课"在方法上更注重于将实践作为导向。而在"大思政课"背景下的方法论，则侧重于完成育人目标的方法遵循。其所采用的方式方法也与"大思政课"的价值主张和固有特点相辅相成。

（一）积极引导性

在守正创新的进程中，"大思政课"充分彰显出其极具引领性的力量。其"守正"体现在坚决守护马克思主义理论这一阵地，切实保障教学内容的科学性及方向性。而"创新"则表现为果敢地对教学模式予以创新，借助现代科技手段来丰富课堂的形式，让思政知识变得更为鲜活且生动，更易于被学生所接纳和内化。"大思政课"的积极引导性在于，它不单是传授知识，更注重引领学生构建正确的价值观，激发他们的爱国热忱和社会责任感，推动学生将个人理想融入国家发展的整体格局之中，从而为实现民族复兴奉献力量。此种教学方式，既传承了思政课的经典要义，又为其赋予了全新的时代活力，切实增强了思政教育的针对性与实效性。

依据"大思政课"建设的特征和要求，教育主题开展教育教学应更加凸显问题意识，注重以社会生活中的现实问题为创设议题，从问题启发、案例启发等角度，有针对性地进行思想政治教育的引导和启发。"要注重启发式教育，引导学生发现问题、分析问题、思考问题，在不断启发中让学生水到渠成得出结论。"① 教育主体以生动具体的现实社会生活为分析、评判并制定教育方案和措施的依据，从人们关心的生活问题和社会热点中寻找思想政治教育解答释疑切入点；以"大思政课"为宏大的教育情境预设，在个人与社会、学习与生活的具体场景中对人们的思想进行疏导和引领，从而从思想到行动，更好地指导解决现实问题。

（二）交融互动性

习近平总书记在中国人民大学考察调研时强调：思政课的本质是讲道理，要注重方式方法，把道德讲深、讲透、讲活，将思政课的情感深度和理论厚度相耦合，从而"达到沟通心灵、启智润心、激扬斗志"。② 要深入理解并领悟道理，我们不仅需要逻辑严谨地阐述理念，还需将情感融入其中，以智慧的开启和心灵的滋润相结合。

教育主体与教育客体之间的交互、个人与社会之间的交互着重强调个人与场景的互动性体验。在信息技术持续变革的时期，现实社会生态的不断演变，以及网络虚拟社会的快速发展，对当前时代的教育主客体互动模式产生了深刻的塑造作用。在主体和客体的相互作用中，重新审视人与社会的关系。环境中政治、经济、文化、生态、社会、网络等诸多方面与个人的互动，特别是网络时代互动方式的变革，注重对人的精神的启发与引领，关注环境与人的精神之间的互动，发挥隐性教育的效能。从外在于人的外部环境里，持续吸收和提供有益的资源，两者之间构建相互塑造的关系。

（三）批判性和建构性相结合

在实践操作中，"大思政课"必须恪守意识形态的本质要求，这涉及同时遵循真理和价值的双重标准。它需要在批判旧有观念的同时提出新的建设性理念，确保其内容既符合客观真实的准则，也满足既定的价值取向。通过这种方式，"大思政课"能够实现对规律的遵循与目标的达成之间的和谐统一。

在当下社会，多元的意识形态彼此共存且相互交织，对人们的思维模式、道德准则、艺术呈现以及哲学观念产生着深远影响，进而促使社会心态与观念趋向多样化。为实现对这些多元思想的整合并构建共识，强化主流意识形态显得尤为

① 习近平.论党的宣传思想工作［M］.北京：中央文献出版社，2020：386.
② 习近平在中国人民大学考察时强调坚持党的领导传承红色基因扎根中国大地 走出一条建设中国特色世界一流大学新路［N］.人民日报，2022-04-26（1）.

关键，同时要在与相悖的错误意识形态的斗争中增强其主导效能，从而确立其于社会中的引领地位。

当前，思政教育应积极融合学校课堂的学习和社会实践的经验，勇敢面对挑战，敢于表达立场。在公共舆论场域内，其肩负着校正错误观念、明辨是非对错之责任，且充当着坚守主流意识形态阵地这一关键角色。随着社会持续向前发展，主流的意识形态在经济持续增长的驱动下，在众多思想观念的相互作用之中，以及在与错误思想的较量过程中不断进化。然而，这种进化并非没有目标的随意演变，也不是无人干预的自然生长，而是需要有意识地塑造和构建。只有当主体有意识地构建时，才能充分展现真理性和价值标准的主流意识形态。所以我们需要将理论的创新性放在核心位置，尤其注意将习近平新时代中国特色社会主义思想融入"大思政课"建设中，不仅创新"大思政课"的科学理论，还要推动思政课的教学实践，实现课程的真理性和价值性的有机统一。批判的成效、深度和力度是通过社会实践显现和证实的。理论的创新起源于识别问题，为行动提供科学的指导。所以思政教育必须以实践经验为依托，在发挥其政治引导和价值导向作用时，坚持真理与价值这双重标准，在批判旧观念和构建新理念中实现统一。

四、载体的有序延展

"大思政课"为思想政治教育知识的传播提供了更加多元化的渠道，从新的视角回答了新时代思想政治教育载体发展创新的问题，实现"大思政课"建立的教育载体不断形成网状和线性的延展，将教育载体的发展轨迹与青年人的成长轨迹和生活足迹相结合。

将载体由课堂这一单一环境向外延展至青年人所青睐的新生事物以及团体组织之中，最终达成的乃是大学生的获得感。在传承与创新思想政治教育的路径探索中，我们首先要深度理解并传承党的优良传统，全面借鉴并运用思想政治教育历经长期发展所积累的珍贵实践经验，特别是要切实发挥日常思想政治教育传统载体形式的效能，例如课堂学习、主题班会、社会实践活动等。与此同时，我们应当紧密追随时代前行的脚步，敏锐洞察青年人的生活轨迹及兴趣焦点，有针对性地融入他们日常频繁接触的载体当中。在家庭这一情感纽带中，大力倡导积极进取的家庭教育环境氛围；在社区范畴，借助志愿服务、文化沙龙等活动形式，强化青年的社会责任感与集体荣誉感；在企业和部门领域，则将思想政治教育融入职业培训、团队建设的进程之中，激发青年的职业热忱与创新思维。尤为关键的是，伴随互联网的急速演进，网络空间和娱乐场所已演变为青年人休闲娱乐的核心场所。我们务必极度重视这些新兴载体的功能开发利用，借助网络平台所具备的便捷特性与互动属性，对思想政治教育的内容与形式予以创新，诸如开发极具教育价值的网络课程、组织线上主题研讨、运用社交媒体进行正能量传播等。

"大思政课"的"大"体现在系统边界的开放性，要不断将教学资源和信息与外部世界吸纳和交换。教育者应始终秉承着虚心进取的态度，在不断与外部世界进行实践中积累经验和知识。从哲学的角度来讲，"大思政课"教学的过程，也会有教学矛盾产生和协调，即在这个过程中矛盾产生和解决，由不协调变成协调的过程。同时，不断发展的社会也为"大思政课"的开展提供资源。这就要求"大思政课"在教学内容上，不断拓展理论资源、历史资源、实践资源和网络资源，把教材编好、把故事讲好、把红色基因传承好。

"大思政课"的"大"还体现在系统演化的动态性，随着社会的持续变迁，"大思政课"作为一个系统，其发展是不断动态演变的，而非静止不变。一个系统之所以能够被定义为系统，核心要点在于其构成要素彼此存在相互关联及相互作用，进而塑造出一种具备动态性质的运动特征。这种动态性主要体现在，"大思政课"在运行过程中需要不断地对比学生在学习前后的变化，评估他们的理论认识是否有所提升、能力是否得到增强。通过考察教学目标实现的程度、思想内化的程度、行为外化的程度以及实践转化的程度，从而对教师和学生的行为进行引导，并优化教学内容的选取。鉴于学生的思想道德行为变化是一个受到多种因素影响的复杂过程，这一点尤为重要。因而，"大思政课"需要更加灵活的动态调整策略，要求教育主体具有更明显的成长性，充分调动了教育主体的主观能动性，积累经验，整合资源，构建机制。

五、情境的系统营造

情景是情与景的交融，集现实空间、社会交往、个人感受于一体的综合性环境的概念。"大思政课"从意义上要考虑其存在的空间环境，更加具有系统性，赋予更多的情感价值，满足人民生活的全面性体验。"大思政课"下教学情景的开展，具有更多的可选择性，包括课堂、校园、现实社会空间，以及虚拟空间都成为重要的组成内容，使教育情景更加具有多元化和延展性。

首先，沉浸体验作为推进思想政治教育深化的关键路径，其核心要义在于构建与现实生活紧密贴合的社会情境网络，为个体营造全方位、全景式的体验空间。此种体验并非单纯的感官刺激，而是源自心灵深处的共鸣及感悟。它使教育者与受教育者一同置身于富有生命力和情感色彩的情境之中，借由亲身经历与感知，让思想政治教育的内容突破书本和课堂的局限，深深扎根于每个人的生命体验之内。在这样的沉浸体验里，个体能够直观地体察社会的脉动、领悟生活的真谛，进而推动他们在日常细微之处重新审度并思索生命的意义与价值。这种将思想政治教育与生命体验深度融合的模式，不但强化了教育的感染力和说服力，还充分激发了受教育者内在的动力与潜能，促使他们得以在实践中成长，在体验中升华，最终达成自我价值的最大化。

其次，交流互动乃是"大思政课"至关重要且不可或缺的核心环节，其构建了教育主体与客体之间前所未有的沟通桥梁，促使双方能够突破传统的界限，达成更为深入且广泛的对话。为达成此目标，"大思政课"大力整合科技、政策、社会、平台以及资源等诸多方面的优势力量，从而为交流互动构筑起稳固的支撑体系。科技层面的支持，诸如虚拟现实、在线平台等技术的运用，使交流摆脱地域的束缚，能够随时随地进行；政策方面的引导，为教育环境的优化给予了强有力的保障，激励营造开放包容的讨论氛围；社会力量的参与，让课堂与社会现实紧密相扣，推动理论与实践的有机结合；平台的搭建，例如专门的论坛、社交媒体群组等，为师生以及社会各界的交流开辟了便捷的途径；而资源的共享，则进一步拓展了交流的内容与深度，令每一次互动都能迸发出崭新的思想火花。在如此综合性的支持之下，"大思政课"不但增进了教育主体与客体的深度理解与共鸣，还激发了更多创新性思考与实践探索的可能性，为培育具备社会责任感、创新精神以及国际视野的新时代人才筑牢了坚实根基。

六、目标的聚焦明确

"大思政课"是一个复合型理念，所关涉的资源内容含括庞大的体系支撑，但其目标是有序和有层级的，多方主体协同和资源合作，使教育在理论、道德、情感、教学、内容等方面形成科学的目标体系，依然是需要回归"社会与个人"的基本分析架构，从个人与社会同步发展的角度实现"大思政课"应有的价值目标。

习近平强调，思政课是落实立德树人根本任务的关键课程①，思政课的教学目标就在于解决"立何德、树何人"的问题，目标聚焦于如何培养新时期具备理论与实践相结合，具有多方面能力，不但具有过硬的思想政治素质，还具备专业的能力，能与社会有效衔接，适应社会发展，服务社会，贡献社会的时代新人。

（一）推动社会进步：构建"大思政课"体系的根本宗旨

进行思想政治教育工作时，应当紧密结合并全面推动"经济建设、政治建设、文化建设、社会建设、生态文明建设""全面建成小康社会、全面深化改革、全面依法治国、全面从严治党"的战略部署。为了确保"大思政课"建设有效地为国家发展和社会变革做出积极贡献，它必须与现实情况紧密相连，做到以下两点：首先，鉴于社会结构的转型态势，"大思政课"务必紧密跟随社会变革的进程，且充分彰显这些变迁。社会结构涵盖了经济、政治以及意识形态这三大关键维度，它们均围绕着物质生产这一核心环节铺展，并通过人与人的交互作用持续演进与发展。并且，中央领导推进全面而持续的深化改革，将改革延伸至更为复杂和关键的领域。在这一过程中，我国经历了显著的历史性进步和变革，同时也面临着新的挑战和问题，这些因素推动了社会结构的转型。这种转型不仅为"大思政课"提供了背景和实践的基础，而且也决定了课程的核心主题、教学方式及内容。作为一种教学科目，"大思政课"需针对社会结构转型期间出现的各种挑战和问题提供反思和解答。这要求在教学过程中塑造和推动社会结构变革并引导这种变革的方向，即社会结构与"大思政课"之间实现相互构建。其次，从社会形态的演进视角来看，"大思政课"应积极应答并推动人类新文明方式的进展。必须在理论与实践的层面上对新的人类文明形态做出回应，并构建适应新时代的宏伟蓝图，通过讲述中华文明的历史故事，推动和丰富人类文明的发展，从而阐释中国特色现代化道路。

（二）服务人的成长：构建"大思政课"体系的价值取向

在"大思政课"的构建与实施过程中，必须坚持立德树人的核心使命，并明确其建设旨在促进人的全面发展这一核心价值导向。首先，"大思政课"应致力于以培育建设全面发展的社会主义建设者和接班人为导向，不断地在思政课程中增强个体各方面的核心素养。其中，劳动作为人的本质特征是人的内在力量的

① 习近平. 思政课是落实立德树人根本任务的关键课程［J］. 求是，2020（17）.

确认和体现。在劳动中，人的天赋与社会技能、智力、体力和潜在能力才能得到相应的展示和增强。并且，随着社会的不断进步，劳动的形式、实质和意义，以及劳动的工具、资源和目标等都经历着变革。这些变化对于个体的未来发展提出了有关技能和能力方面的更高更全面的要求和标准。习近平总书记指出，要努力构建德智体美劳全面培养的教育体系，形成更高水平的人才培养体系。要把立德树人融入思想道德教育、文化知识教育、社会实践教育各环节，贯穿基础教育、职业教育、高等教育各领域。① 在构建"大思政课"时，特别需要其与社会相协调，体现对人的关怀，同时坚持实践的导向性。在育人方面，"大思政课"必须发挥实际效用。其次，"大思政课"应充分激发个体的主动性。这种主动性不仅涵盖了人的自然特质、社会属性和精神特质，还包括人在与环境互动中表现出的积极行动力、独立自主性和自我实现的能力。在新时代，社会的主要矛盾已经发生巨大变化，要激发人的主观能动性以创造出美好的未来，关键在于使人们有能力感受美好生活，享有享受美好生活的权利，并能在历史与现实的交汇点洞察事物未来的发展方向。

马克思指出，在其现实性上，人的本质是一切社会关系的总和②。生产活动不仅涉及人类与自然环境的互动，也是人与人相互作用的过程。在生产生活必需品的同时，形成的社会关系也可能会产生人际相互联系。社会关系强调的是许多个人的共同活动③，个体与个体之间的关系并非独立存在的，而像原子一样在空间中飘浮，他们是通过复杂的社会关系网相互联系的。因此，所谓的"现实的人"实际上是处于这些交织的社会关系之中。正是这些社会关系构成了"现实的人"的集合体，也就是我们所说的现实社会。社会关系是基于现实的共同生产活动中形成并发展起来的，它们不是空洞的想象，不能简单地通过主观臆断就被创造或割断，而是建立在实际活动基础之上的。社会生活是由不断变动的实践活动构成的，是"以共同的物质生产活动为基础而相互联系的人类生活共同体"④。因此，在课程育人的过程中，必须适应所处时代的社会生活特性和需求。

（三）发挥优势，克服不足：社会大课堂和思政小课堂的协同发展

为了确保学生能够全面地学习和深刻理解马克思主义原理，以及其在当代中

① 习近平．坚持中国特色社会主义教育发展道路，培养德智体美劳全面发展的社会主义建设者和接班人［J］．紫光阁，2018（10）：8-9．

②③ 马克思恩格斯选集（第1卷）［M］．北京：人民出版社，2012．

④ 荣剑．马克思的国家与社会理论与改革［J］．马克思主义研究，1987（1）：23-38．

国的最新理论发展，同时学习了解中华民族自近现代以来追求国家复兴的杰出历程。我们务必要对传统的思想政治教育课程予以充分的关注与重视，并且要始终确保此类课程在整个教学体系中处于关键且重要的地位。向学生讲授关于马克思主义的理论知识，推动习近平新时代中国特色社会主义思想这一马克思主义中国化最新成果丰富学生的头脑，使学生在提升理论素养的同时树立正确的三观。这种传统的思政教学聚焦于理论的阐释，其特性与优势体现为理论性、系统性及逻辑性。理论性是思政课程的本质属性，鉴于此类课程的内容是以理论形态展现的马克思主义，无论是基础理论，还是其在中国获取的发展成果，均是对实际经验的深度凝练与归纳，并非对现实的直接呈现，这便要求我们于教学进程中遵循理论的核心逻辑，并予以系统性的解读。然而，传统的思政课堂亦存有若干缺陷，核心问题在于理论教学的抽象特质以及学生在课堂上的被动学习姿态。所以，将传统思政课堂与社会实践相融合的教学模式，意味着把传统的思政课程和社会实践加以联结，意味着需要在理论授课里融入真实且具体的社会活动，激励学生踊跃投身于丰富多样的社会生活。这样做不但强化了理论教学与现实生活的紧密关联，还使教学目标更为明晰且具有针对性。马克思主义理论在实践活动中得到发展，并随着实践的进展而不断丰富和完善。理论和认知自实践中形成以后，务必重新应用到实践当中接受检验。在讲授传统思政课程之际，我们理应结合社会主义的发展脉络。通过运用历史中的事实和当下鲜活的案例，我们能够弥补理论教学中难以规避的抽象性。同时，我们应当鼓舞学生深入社会，参与社会调研、志愿服务、实习等各种活动，让学生通过这些实践活动校验理论的正确性与实用性，同时培育学生的主动性和参与意识。

（四）引领前进，深入指导：思政小课堂对社会大课堂的导向作用

社会大课堂涵盖了多姿多彩的社会活动，它不仅包含了那些已经消逝于历史长河的过往生活，同时也囊括了人们现如今生活的现实生活。虽然生产活动构成人类最基本的实践行为，但社会实践并"不限于生产活动一种形式，还有其他多种形式，总之社会实际生活的一切领域都是社会的人所参加的"。① 社会生活中的充沛活力、丰富多样性和微妙细节能够有效拓展传统的思想政治教育，突破其内容和形式上的约束。鉴于社会生活的多变与复杂，我们不能简单地让学生直接面对社会环境，或是盲目地将纷繁的社会现象搬入有限的教室空间。反之，我们

---

① 毛泽东选集（第 1 卷）［M］. 北京：人民出版社，1991：283.

应当灵活地融合宏大的社会课堂与精致的思政教室教学，确保它们互相补充，共同促进学生的成长。第一，我们须用马克思主义相关理论，对社会大课堂中出现的各种价值观进行分析和指导。社会的多元性致使人们的观念呈多样化的态势。当面对社会环境中纷至沓来的各种价值观念时，我们既不能盲目地接受当前的状况，亦不能对这些观念予以全盘否定。通过马克思主义的视角，我们应深入探讨这些价值观念产生的原因，以及大学生应该选择哪些理念。这样的分析有助于学生在洞察这些价值观的本质和根源后，形成对共产主义理想的远大憧憬和对中国特色社会主义的坚定信念，并在日常生活中不断认同并践行社会主义核心价值观。第二，在社会这一广阔的课堂中开展的诸多实践活动需要彰显思政课程的核心理念，同时确保这些活动能够有效地承担思政课教学任务。实践教学"是以丰富多彩的社会生活为舞台，以物质生产劳动为依托，以丰富感性认识、检验理性认识为重点，帮助学生树立正确世界观、人生观、价值观，引导学生坚定马克思主义信仰、践行共产主义远大理想和中国特色社会主义共同理想的教学活动"。① 在实施社会实践的过程中，如果要对学生进行思想政治教育，要以塑造观念、践行理想为核心目标。不能对学生的实践放任自流，而是要时刻牢记其所反映的理论性、思想性和政治性。不仅如此，在马克思主义思想的科学引领下，针对社会大课堂所呈现出的纷繁复杂且丰富多样的态势，我们在引领学生时，更需对其展开深入的剖析、理解与评估。教导学生对主流与非主流加以区分，进而能够于表象之中洞悉本质，基于现实状况的同时展望未来发展。

总体来说，结合"思政小课堂"与"社会大课堂"意味着在思政课教育中，将思政课的理论内容与社会实际活动相结合，以达到理论与实践、知识与行动的融合，最终实现从理论抽象到现实具体的转化。这就要求思政课教师们注重指导学生将课堂中获得的理论知识应用于对社会现象的观察与分析，通过这种方式提升学生识别问题、思考问题和解决问题的能力。不仅如此，教师还需要以思政课程所倡导的主流价值观为导向，来引导学生在多元的社会价值观中辨识主流与是非，增强他们在实际中的价值判断力。最后，通过参与社会实践，学生可以验证所学理论的科学性和真实性，进而提高思政课理论教学的实用性和针对性。

① 何益忠，周嘉楠.思政课实践教学：概念辨析与体系创新［J］.中国高等教育，2020（6）：17-18+53.

第二节 关键问题

在构建"大思政课"体系的过程中，实现校内理论教学资源与校外实践教学资源的"协同育人"，应当将"同向"设定为前提条件，将"同行"确立为主要方式，如此方可有利于获取最为理想的教育成果。"学校思政+社会实践"教学模式的主要内容是育人的共同价值取向、协同的教育目的和德能同行的实践育人需求，这也为该实践教学的理论逻辑作出了内在的规定。"大思政课"乃是一种综合性的理念，涵盖规模庞大的资源与内容体系，倡导多方主体协同协作以及多领域资源的有效整合，旨在达成构建融合理论、情感、教学、内容等诸方面的科学目标体系。对"大思政课"的相关问题进行系统性分析，需要回归"社会—个人"的基本分析架构，从个人与社会共同发展的角度实现价值目标的追求。

一、价值取向：促进人和社会的共同发展

习近平总书记强调，思政课是落实立德树人根本任务的关键课程[①]。作为思政课建设的重要理念，"大思政课"的教学目标在于解决新时期"立何德、树何人"的问题，培养具有过硬思想政治品质和专业素养，并能够将所学的理论知识与社会需要有效衔接的时代新人，不断适应社会发展，服务社会发展，贡献社会发展。

"大思政课"理念将世情国情作为现实考量要素，将人与社会生活中的现实需求设定为分析的逻辑起始点，对思想政治教育在人与社会关系里的融入式发展予以探究。其价值抉择定然指向社会以及人的发展，内蕴着历史唯物主义的深厚底蕴，凸显了历史发展的客观规律以及对于人和社会关系的深度思索。思政课与专业教育的社会实践，以课程思政作为基础，在认识论和实践论层面实现有机融合，是两种具有不同课程性质的实践教学，二者相辅相成，协同育人。

首先，"大思政课"建设若要切实发挥出积极的社会变革与发展效能，必然

---

① 习近平. 思政课是落实立德树人根本任务的关键课程 [J]. 求是，2020（17）.

要推行切实可行的举措。在社会结构变革的层面,"大思政课"建设需要对社会结构的变革保持同步和及时的反映。"大思政课"建设作为达成当代思想政治教育的一种关键形式,同样需要与社会变革保持同频并协同推进。党的十八大以来,在推进中国式现代化进程中,党中央坚持全面深化改革,取得了历史性的成就,同时这也对"大思政课"的主题、内容等进行了界定,对其实践状况产生较大的影响。"大思政课"的课程性质决定了"大思政课"必须对社会结构变革中的问题与冲突作出相应的反应和应对策略,并以此为基础,通过"大思政课"的教学,实现社会结构的部分调整,引导社会结构变革的方向,紧跟中国式现代化的步伐,助推中国梦的实现。此外,"大思政课"在社会形态发展层面,需要推动人类文明新形态,构建人类命运共同体。当今,人类的文化发展状况复杂多变,从历史的角度来看,中国"坚持和发展中国特色社会主义,推动物质文明、政治文明、精神文明、社会文明、生态文明协调发展,创造了中国式现代化新道路,创造了人类文明新形态"①。中国所形成的独特的文化形态,是一种崭新的人类文明形式,它为人类文明的发展指明了新的方向。"大思政课"不仅要讲好中国故事、传播好中国的声音,而且要在新的时代背景下,在理论上、在实践上都紧跟文明发展的步伐。

其次,"大思政课"秉持立德树人这一根本宗旨,坚持在建设中服务于人的价值选择。人的发展就其本质而论,就是人的本质力量得以充分且高效地施展,也就是人的能力以及个性自由的全方位发展。"大思政课"立足于对人发展产生影响的各类要素,秉持着为人的发展提供优质服务之理念,持续创新,拓展思维路径。一是坚持培养社会主义建设者和接班人,促使其德智体美劳全面发展。人的本质力量是通过劳动的过程来确认和体现,它的形式与内容以及劳动对象等都在发生着变化,对人的素质提出了更高的要求。要把立德树人融入思想道德教育、文化知识教育、社会实践教育各环节,贯穿基础教育、职业教育、高等教育各领域②。"大思政课"的建设,必须体现以人为本、从实际出发,在教育过程中使学生成为社会主义建设者和接班人的重要力量。二是坚持培养社会主义的建设者和接班人,充分调动学生的主体性。主体性是人作为活动主体的质的规定

---

① 冯俊.中国特色社会主义创造出中国式现代化新道路和人类文明新形态 [J]. 晨刊,2022(1):5-10.

② 廖巍,赵建梅,杜骁."三全育人"背景下如何构建高校教职工理论学习体系 [J]. 教师,2022(29):84-86.

性，是在与客体相互作用中得到发展的人的能动性、自主性和自为性。① 新的时代条件下，社会主要矛盾已经发生变化，这表明我们要让广大人民群众在历史与现实的结合中，有感知美好、享受美好生活的能力，使人的主体能动性得以充分发挥、把握未来事物发展趋势。"大思政课"应发挥思想和价值导向作用，把人的主体性导向到符合社会发展规律和最广大人民的根本利益上去。人们在社会中生活学习，社会是"以共同的物质生产活动为基础而相互联系的人类生活共同体"，② 在一定的生产力和生产关系基础之上形成了与之相适应的特定的社会背景，这也决定了思政课对于人的培养也要遵循社会形态所赋予的时代特征与相关要求。

二、实践指向："大思政课"理论和实效的互动

习近平总书记对于"大思政课"重要论断的提出，强调在思想性、理论性的基础上思政课要更具亲和力和针对性。因而，"大思政课"必须在引入实践教学时，以理论彻底性为基础观照"教学实效"。

其一，"大思政课"要在实践中展现理论魅力。"思政课的本质是讲道理"③，这表明思政课要彰显出真理的力量和理论的厚度。在理论内容的厚度和彻底性上下功夫，增强理论说服力，配置一定实践教学内容，巩固教学效果。因为"理论只要说服人，就能掌握群众；而理论只要彻底，就能说服人"。④ 另外，要注意在理论内容基础上兼顾实际生活的展现，这就牵涉教材内容有效转化为教学内容的方式选择。对此思政课教学内容体系要将宏大抽象的理论知识转化为学生"听得懂听了信听后行"的有力量、有温度的教学内容，贯彻执行"大思政课"理念，应在不断增强理论论证逻辑性和严密性的同时辅以恰当实践，使理论成为学生实践的有效指南。习近平总书记所指出的："思政课教师给予学生的应该是观察认识当代世界、当代中国的立场、观点、方法。"⑤ 教师要学会在理论与实践的相互印证中将思政课内蕴的世界观、人生观和价值观以及马克思主义的立场、

① 王婷．榜样教育与偶像崇拜耦合的三维探赜 [J].沈阳工程学院学报（社会科学版），2023，19（3）：91-97.

② 荣剑．马克思的国家和社会理论 [J].中国社会科学，2001（3）：25-34+204.

③ 薛敏霞．大学生思政课获得感的内生机理及实现路径——基于心流体验理论 [J].高等教育研究学报，2023，46（4）：59-65.

④ 马克思恩格斯选集（第1卷）[M].北京：人民出版社，2012：9-10.

⑤ 邢爽，夏海杰．新形势下办好高校思政课的几点思考 [J].时代报告，2019（6）：210-211.

观点和方法授予学生。

其二，实践教学的引入需兼备适度和"实效"。习近平总书记强调，"大思政课"要跟社会实践结合、跟具体生活对接，从而增强思政课的生命力和鲜活性。这也就要"量"与"质"并有，"时"与"效"兼存，尤其在实践内容的选取上需要有针对性、合宜性，不能随意搬入，无目的地引进；不能用大量且零碎的社会生活素材取代相对完整、体系化的思政教材内容；也不能简单用社会大课堂取代思政小课堂，因为生活素材、社会大课堂呈现给学生的是直观的、感性的、经验式的事件，它需要思政小课堂深入的、理性的、规律性的阐释、研析，使摆事实与讲道理相得益彰，实践历练与思想淬炼相辅相成。所以，要聚焦思政课的知识模块，筛选出具有思想政治教育功能的要素安排学生适当实践。具体来讲，教师要在"给学生深刻的学习体验"① 的基础上让学生带着理论积累和疑问参与实践，在实践中解惑所疑，深化所学，激活所盼。

总之，学生唯有在学习理论的过程中观察现实实践，才能促进理论知识与学生思想深层次的交互与共鸣，将所学马克思主义的相关内容实际在行动中践行，持续在实践中发挥所学正确价值理念的积极作用，达成"大思政课"在质量与效益、生动性与温度上的双向提升，助力社会的发展。

三、方法拓展：实现教育教学有度性和切适性的兼顾

思政课的教学方法需由单一模式朝着多维模式转变，然而这一转变务必要以解决教学问题为宗旨，坚定不移地遵循方法服务于内容的原则，对教学方法予以"帮助教师教得更好，帮助学生学得更美"的精准定位。教学方法的转变意义重大，其有效的转变有利于课堂效果的提升。

思政课的教学方法可采用前置讲解式的课堂教学模式，充分发挥课堂教学这一主要场所的有效功能，明确"大思政课"应当是以课堂教学为核心，并在此基础上进行放大和延展的。因此要正视和批驳颠覆课堂教学、消灭理论讲授、否定传统课堂中"教师讲学生听"方法的错误倾向和做法，敢于为讲解式课堂教学的经典方式正名。因为"在教学中教与学彼此依存，相辅相成，既不存在没有

---

① 刘兴波. 高校思政课教师课堂话语冗余现象：危害、原因及治理［J］. 高教学刊，2024，10（1）：73-77.

'学'的'教',也不存在没有'教'的'学'"。① 具体在思政课教学中,就是习近平总书记在中国人民大学考察时所着重强调的,老师要用心教,学生要用心悟,达到沟通心灵、启智润心、激扬斗志。② 质言之,教师和学生共同完成教学活动,各司其职,相互作用。所以,讲解式教学方式并非造成学生"不愿听、听不进"的原因,也不是来自教学方式本身,而在于教学主体没有充分把握场景设置、讲什么和怎么讲的精髓。如若使用得当,就会发现"教师努力讲,学生专心学"必然是经典的教学场景。故要让思政课教师科学地运用讲解式课堂教学方式,并使其发挥主渠道作用。同时适当增加其他教学方式,但不可因此削弱甚至取代课堂教学。

当前推动"大思政课"建设依然要坚持用好课堂教学这个主渠道。③ 此外,还要在"有度"和"适切"中拓展教学方法,处理好守正与创新的关系,在坚守经典教学方法的基础上进行再创新。不能只注重形式上的创新而迷失在各类新技术新软件中,不能赋予新技术创新的教学方法以过多的"价值预设",而要在教学方法的选取、拓展和延伸上做到"有度"和"适切",并主动履行好"把关人"的责任。因此,在借助新技术之际,需着重关注方法与内容的适配性,并在此前提下适度增添新的教学方法。然而,诚如前文所述,即便如此,仍需始终明晰,若要构建学生喜爱、能引发共鸣且获得社会认可的"大思政课",教学方式方法仅发挥辅助性及阶段性的效用,核心要点仍在于依托课程内容的品质,要在切实启发学生思维、强化道德引领以及推动学生自我构建方面取得长期成效。

四、校社联动:达到大小课堂的融洽

在新时期,要把思政小课堂与社会大课堂相结合,解决"理论与实践脱节"的问题,需要学校与社会密切配合,共同推动。社会大课堂其实就是一场由已成过往的历史与尚在发展的社会。思政小课堂主要向学生系统讲授马克思主义理论及中国式时代化的最新成果,引导大学生做习近平新时代中国特色社会主义思想

---

① 郑敬斌,王丽."大思政课":显著成效、实践省思与理论澄明[J].马克思主义理论学科研究,2023,9(7):101-108.

② 习近平在中国人民大学考察[EB/OL].(2022-04-26)[2023-01-10].http://gs.people.com.cn/n2/2022/0426/c183342-35241511-2.html.

③ 把思想政治工作贯穿教育教学全过程 开创我国高等教育事业发展新局面[N].人民日报,2016-12-09.

的坚定信仰者、忠诚拥护者、忠实践行者。①

首先，推动全体公民的共同理念，激励他们参与教育，以促进和引导学生的发展。② 随着时代的进步，大学生的发展不仅受多种多样的外部环境的影响，更需要来自各级党组织的积极引导和深入推动，改变传统的教育模式，以及构建一个以思想教育为核心的多元化教育环境。学校应该不断改善教育氛围，提供良好的教育机遇，邀请来自党政干部、企业家、媒体等的行业人员，共同讲述他们对于中国特色社会主义发展所作出的贡献以及相关经历经验，激励学生投身于实践，体验到大课堂的乐趣和魅力。这也为学生走进社会这个大教室进行社会实践活动统筹各种资源。在新的时代条件下，许多高校已经开始采用多种形式的思政课实践教学，但是由于资金有限、时间分散等原因，仍然存在着一些挑战。要做到这一点，就必须把社会各界的力量都动员起来，逐步建立起一种学校和社会有机结合、无缝对接的实践教学模式，让社会生活变成一种天然的、方便的思政课实践教学课堂。因此，整个社会都应该积极地创造一个有利于大学生健康成长的环境。"拔节孕穗期"的青少年尚未完善自身的道德标准、价值取向。因此，我们必须采取积极的措施来引领他们走上正确的道路，以避免出现负面的思维模式。全社会应积极营造一个充满正气、充满爱心、体现人文关怀的良好的社会氛围，以促进青少年的健康成长。

其次，要充分发挥社会大课堂的优势，弥补思政小课堂的不足。"思政小课堂"是以宣传马克思主义理论为重点，把马克思主义中国化的最新成就深入大学生的头脑，对大学生进行正确的世界观、人生观和价值观的教育。因而要高度重视发挥思政小课堂的理论传播作用，始终保持其主渠道地位。思想政治课程的独特之处在于它的理论性、体系性和思维能力。思政课是极具理论性的学科。③ 这门课程把人们的实际生活经验高度抽象和总结。"中国近现代史纲要"课程与"中国近现代史"课程实际上有很大差别，前者的重点在于总结历史经验，并以对中国近代历史发展规律的把握为最终目的。当然，思政小课堂也有其自身的缺点，即理论性强、学生被动性强。因此，以思政小课堂为切入点达成两个课堂的

① 刘立亚."大思政课"理念下高校实践育人路径研究 [J]. 成才之路，2023（36）：1-4.

② 叶方兴. 从"悬浮"走向"融合"——论现代性语境下思想政治教育与日常生活的关系 [J]. 探索，2019（6）：152-159.

③ 朱玲琳，廖怀高. 回归立德树人——"大思政课"知识论省思 [J]. 西昌学院学报，2024，36（1）：120-128.

有机结合，需将具体且生动的社会实际融入理论教学之中，促使理论教学与实际更为契合。故而，在思政小课堂的理论教学进程里，应当与社会主义的发展历程建立关联，并与当下中国特色社会主义的实际状况紧密结合。与此同时，教师还应安排学生参与社会调研、志愿者服务以及实地考察等活动，以使他们能够更为深入地认识社会主义的现状，让他们更为深刻地领悟社会主义的重大意义。

最后，发挥思政小课堂对社会大课堂的引导作用，彰显出理论价值的重要性。人类的实践，也就是人类的社会生活，"不限于生产活动一种形式，还有多种其他的形式，阶级斗争，政治生活，科学和艺术的活动"。① 它能有效地弥补思政小课堂的缺失。然而，就身处其中的社会而言，鉴于其具备的复杂性，我们既不可将学生单纯地置于其中，也不能在罔顾客观条件的状况下，把社会大课堂直接挪移至一个狭小的教室之中。相反，应当运用马克思主义的有关理论，针对社会大课堂展开剖析与引领。马克思主义的理论和思想的发展来源于实际的实践活动，并且通过不断地探索和整合，形成了一套完整的、符合现代社会发展的科学原则。但思政小课堂也不可避免地存在短板，主要表现为理论讲授的抽象性和学生接受的被动性。② 所以，为了更好地传播和普及马克思主义的思想，我们必须以一种全面的视角，深入探讨马克思主义的传播以及价值观的培养方法，将之融入课堂，使之更加符合现代社会的发展。实现大小两个课堂的有机结合，引入真实且富有趣味性的社会经验，以促使其能够切实有效地助力学习者深入领会、精准掌握知识，并提升其综合素养。马克思主义来自无产阶层的变革奋斗，经历了中国的变迁、进步与演变，最终以其独特的理论框架为基础，不断地融入当代的社会现状，从而不断地完善与拓宽。然而，在实践中形成的认识和理论，又必须回归到实践中去，受到实践的检验。为了更好地传授知识，我们建议将这些知识融入当前的中国特色社会主义的实践之中。我们可以通过分析既往的历史经典，辅以具体的案例，使学生更好地理解和掌握这些知识；带领学生走向社会，开展社会调查、志愿服务等实践活动。③ 如此一来，帮助大学生更好地领会知识的真谛和体验实践的感悟，培养他们的创新能力，促进理论修养的提高。

① 毛泽东选集（第 1 卷）［M］. 北京：人民出版社，1991：283.

② 何益忠. 论思政小课堂同社会大课堂结合的价值意蕴和实践路径［J］. 思想理论教育，2020（10）：71-75.

③ 章少哨，夏小华. 心理认同视域下红色文化融入日常思想政治教育的实践探赜［J］. 教育探索，2023（10）：78-82.

综上所述，"大思政课"背景下思政小课堂同社会大课堂的有机结合，其最终目的是处理好两者的关系，把思政小课堂所突出的教学理论性和社会大课堂所注重的教学实践性相结合。在高校思政课教学讲授的全过程中，依托"大思政课"平台和资源的支持，能够实现课堂教学与社会实践教学有效的协同联动，在引导大学生进行理论知识学习和实践能力培养方面能够产生同向同行的效应，更加有利于将大学生价值观的形塑、思想认知的确立与日常生活紧密联系起来。在此，思政课教师于理论讲解的进程中，需融合具备现实针对性的经验与案例，进而将其转化为大学生在社会实践以及日常生活中能够加以运用的实践性知识。与此同时，思政课教师要注重引导学生运用在思政小课堂中学习到的科学理论知识，观察分析错综复杂的社会问题，培养学生发现问题、分析问题、解决问题的实际能力。另外，通过在社会大课堂中的锻炼和磨砺，提高学生辨别是非、去伪存真的社会适应能力。以马克思主义的辩证思维方式来看待当今社会发展中所出现的多样化的价值观和社会思潮，在思政课引领的社会宣传教育中用主流价值观引领多元价值观，以便更好地帮助大学生选择正确的人生道路，激发他们追求共产主义的崇高目标，并以此作为他们促进中华民族辉煌的动力。以马克思主义作为指引，深度开展对社会教育的探究、理解以及评价工作，强化政治意识，娴熟地运用科学技术手段，明晰社会实践教学所具备的特征和优势，对主流和非主流加以区分，聚焦于未来的发展方向。

第三节　核心问题

在"大思政课"的新时代背景之下，"高校思政+社会实践"协同育人模式的核心着重于达成知识传授与价值导向的深度融合，突出以育德作为灵魂所在，贯穿着智慧启迪、职业导向与实践能力培养的有机统一性，秉持于实践中深度落实"以生为本"的核心观念，致力于培育既拥有深厚理论素养，又具备扎实实践能力的时代新人，为社会输送德智体美劳全方位发展的高素质人才。

一、核心目标：实现知识传授和价值导向的有机统一

高校思政强调意识形态的引领作用，具有鲜明的价值导向性，要求校内思政理论课在知识传授中实现价值内化，创新价值导向的教育理念与教育模式。尽管社会实践教学和校内理论课教学在教学内容、教学任务、教学形式等方面具有差异性，但在坚持马克思主义教育理论的原则方法上具有高度一致性，都将"落实立德树人根本任务，培养德智体美劳全面发展的社会主义建设者和接班人"① 作为协同育人过程中共同的教育目标。因此，"高校思政"与"社会实践"的任务和目标是统一的，具有相通性和协同性。两者围绕共同的目标，在相互融入的关系内，实现价值观、人生观、政治观的理论及实践的相互交融与协同。与此同时，两者亦存在不同的侧重点，前者助力学生对理论知识的学习，后者着重于实践能力的培育。换言之，相同的价值导向与教育目标乃是思政理论课与校外社会实践协同发展的关键基础，也是协同育人模式持续构建的核心特性。

目前，"大思政课"构建取得了显著成绩，不仅教学内容和教学资源丰富多样，"课堂+实践"共同发展的模式也初见成效。"大思政课"的一个重要目标就是要推动人的全面发展与德道境界的提升，让人的情感、意志、愿望等主观因素在思想政治理论课的教学活动中，不断超越现实，走向未来，从而由"实然"走向"应然"。在此过程中，既要有现实依据，又要有正确的价值导向。在明确以事实性内容的融入奠定坚实的认知基础，价值性内容的融入塑造稳固的目标基础上②，寻求"高校思政+社会实践"协同育人实践教学模式的路径和方式，是进一步提高思政课教学实效性的核心问题。然而，在智能化、信息化、数字化急剧发展的时代，大量的信息对客观事实进行了冲击，将事实分割成了碎片，很难拼凑、查证；互联网的指数式传播效果，也在持续地催生出新的"真相"，并将带有感情色彩的多元信息挤走了严肃的事实报道，容易导致事实与价值的不平衡。为此，"大思政课"在内容建设上，既要做到实事求是，又要注重价值观的统一；既要增强学生的鉴别力，又要在正确的认识基础上，形成新的价值共识；既要明确现实的成就，又要关注问题的挑战，同时要坚持积极的价值导向，剖析问题，批判问题，构建问题。与此同时，"大思政课"不仅涉及社会的物质生产，而且涉及人类的精神生产；不仅关心大时代的大环境，更关心时代背景下个体性生存的现实状况。最后，"大思政课"在强调社会准则的同时，也要在社会

① 石中英. 努力培养德智体美劳全面发展的社会主义建设者和接班人 [J]. 中国高校社会科学，2018（11）：9-15.

② 李寒梅. 四史教育融入高校思政课教学的逻辑理路 [J]. 马克思主义与现实，2022（4）：110-116.

上形成共识。

二、核心内容：以育德为主线实现"智、业、能"三者的有机统一

在新时代推进思政课课程改革，巩固其"关键课程"的重要地位，需遵循理论与实践的逻辑理论，专注于构建德智、德业、德能并重相结合的一体化教学模式。这意味着需将文化教育、专业技能、研究能力、创新创业意识等与思想政治教育进行有机融合，将社会实践活动视作一种行之有效的手段，并将其融入社会实践的各个阶段。通过构建协同机制与保障体系，在思想政治教育的整个进程中达成各类课程与思政课的同向共进、协同育人之目标。"育人的根本在于立德"①，社会实践教学将培养全面发展的社会主义新人作为根本目的，注重培养学生的实践能力和创新创业能力，在德智并举、德业融合与德能并进中实现"大思政课"协同育人目标的三个层次，切实打造"一体化领导、专业化运行、协同化育人"的思想政治工作格局。② 协同育人实践教学模式强调在培养学生实践能力的同时，将德育放在首位，提高专业课实践教学的质量与效果。专业课实践既要传授文化知识、培养实践能力和创新精神，同时也不能忽视思政育人在专业课实践中的资源及其功能。思政课与专业的思政实践于思想政治教育以及实践能力培育层面存在相同需求，这为各类课程与思政课于社会实践载体方面达成德育的理想目标构筑了坚实根基。故而在构建育人协同模式之时，教师需全方位挖掘各类思政教育实践资源，不但要秉持德与智并重，同时注重与知识文化的传授、专业技能的提升以及创新能力的培养相互融合，构建协同育人和互补推进的实践教学效应，坚守过程论与效果论的统一，强化"高校思政+社会实践"的协同育人合力。

（一）相互配合与协作的"大格局"

"大思政课"作为高校思政课建设的创新模式，积极发挥社会各界和各方面力量的参与作用。通过对课内与课外、校园与内外、网络与现实等各类教学资源的有效整合，在教育系统及社会范畴内的各类教育资源当中构建起一个多维度合作的宏观架构，即相互协同与配合的"大格局"。借此确保思政教育能够全程贯

---

① 邱园园. 高校"大思政"理念的理论内涵与实践路径［D］. 长春：东北师范大学硕士学位论文，2020.

② 习近平在全国高校思想政治工作会议上强调把思想政治工作贯穿教育教学全过程 开创我国高等教育事业发展新局面［N］. 人民日报，2016-12-09（1）.

穿于学生的发展进程,并能够契合全程育人中不同学生的学习需求。

1. 构建多样化的协同教育参与群体

为了推进国内教育事业的发展,家庭、学校、政府和社会均需承担起各自的责任。"大思政课"的育人主体不局限于教师群体,还包括其他教育从业者、各级党委领导、各界杰出人士以及家庭成员,他们都扮演着重要的育人角色。首先,各级党委必须在工作规划、保障措施、师资队伍建设等方面发挥带动作用,将强化理论课程的建设视为思想政治重点任务。其次,学校必须把知识教育、能力培养和价值观塑造融入日常教学与校园文化之中,提升全体教职员工的积极性,共同构建发挥铸魂育人作用的教育环境。再次,地方党政领导、企事业单位专家、社科院学者以及各行各业的楷模都应该参与到思政课的讲授中,用自身的亲身学习经历为课程注入生机和活力。最后,家长也应当努力营造明朗的家庭环境,以纯正的家风家训为学生的人生启程定下正确的基调。

2. 整合一体化的协同教育育人资源

"大思政课"理念的核心在于丰富其中的社会内容,将蕴含在社会生活中的庞大而多元的教育资源与实际生活紧密结合,并最终融入课堂教学。教师需在深入钻研教材的基础上,积极发掘和整合思政教育元素,将那些与教学内容相关、理论逻辑一致且具有代表性的课堂上下、学校内外和网络现实的教育资源转化为"大思政课"的应用资源。同时,应结合时代、地域和个体的具体差异,合适地运用体现中国共产党革命精神的实践经验以及丰富的历史文化资料和未来教育教学。比如在中国特色社会主义建设进程中,我们可以借鉴其丰富的实践经验,对其进行提炼,并把他们感兴趣的诸多热点问题,转变为课堂教学资源,从而为"大思政课"的一体化整合提供最鲜活生动的协同教育育人资源。

3. 塑造专业化的协同教育合作场域

首先,以全面而协调的课堂理论教学、校园文化传播和校外基地建设,有目的、有计划地推进"大思政"社会活动教学,实现将课内学习、校园体验与校外实践相融合的关键途径。其次,随着教育技术持续稳定进步,网络云课堂打破了传统意义上时间和空间的限制,而虚拟仿真课堂则模糊了真实与虚拟的边界,它们现如今已经成为连接校内课堂与社会空间的重要纽带。由校内校外、线上线下共同打造的立体育人新场域,改变了传统课堂教学的填鸭式弊端,让学生在丰富多彩的实践教学感悟中体验教学内容,实现了学思贯通、知行统一。

（二）教育质量与水平的"大提升"

教育是国之大计、党之大计，作为国家根本战略对于国家的发展进步至关重要。要办好符合人民群众期待的教育服务，必须坚守社会主义办学的教学方针，不断推进教学方法的革新，进而提高教学的品质与效率。在"大思政课"的框架背景下，坚持理论与实践相结合的原则和方向，将思想政治教育的课堂拓展到社会每个角落和各个领域，突出强调习近平总书记对于思政课的系统理念和战略指引，推动思政课程纵深发展。此模式实现了内容的统一性和过程的多样性，教师的引导作用与学生的主体作用，以及显性教学与隐性教育之间的协调一致，从而进一步强化了思政课为党和国家培养人才的关键使命和职责。

1. 统一课程内容与丰富教学过程的结合

推动思政课改革创新，要坚持统一性和多样性相统一的基本要求。[①] 思政课在培养目标、使用教材、组织管理和课程体系等方面，都需要有统一的标准和要求以确保教学质量的稳定和提升。然而，在教学过程中，我们也应该积极探索多样化的教学方法和手段，以满足不同学生的需求和特点。一方面，组织形式的选取需依循"大思政课"施行的原则规范，通过同步推动思政课程与课程思政同向发展，达成小学至高中思想政治课的一体化构建。构建教学监督与集体备课的长效稳固机制，进而持续强化教学的规范性、权威性与科学性，最终促使思政课教学管理符合既定的统一标准。另一方面，引入多元教育参与主体、整合社会教育资源、营造多维教育环境，以此类举措优化教师教学方式、拓展学生学习范畴，让整个教育进程呈现出更为丰富多样的特征。

2. 形成教师主导与学生主动参与的效果

合理界定师生恰当角色定位是思政课改革面临的长期挑战，也是教师教学过程中应对的核心问题。即使教师积极地策划并组织与思政相关的教学活动，致力于运用党的创新理论引导学生的言行，但是最终所呈现的教育成效依旧取决于学生自身的理解以及行为抉择。唯有当学生从内心深处领悟到思政课所涵盖的重要价值，并且能够展现出对于学习和知识的热忱与渴求之时，才能够在两者的有效互动当中达成既定的教学目标。在"大思政课"的背景之下，思政课教学越发鼓励学生以主动参与的模式，由被动接受知识转化为积极主动地探索，倡导他们

① 习近平主持召开学校思想政治理论课教师座谈会强调：用新时代中国特色社会主义思想铸魂育人 贯彻党的教育方针落实立德树人根本任务［N］. 人民日报，2019-03-19（1）.

通过小组研讨、情景模拟、案例分析以及实践操作等教学方式，在实践的基础之上实现教学过程中师生之间的互动性，达成教师引导与学生主动性相融合的教学效果。

3. 坚持教育显性功能与隐性功能的统一

显性教育和隐性教育分别是思想政治教育的两种教育方式，它们之间存在明显的差异性。显性教育侧重于直接的理论教授，而隐性教育则侧重于潜移默化的价值浸润，两者相互影响，互为补充。在思政课的改革和创新之中，关键是要将这两种形态紧密结合，融入"大思政课"的整个教学过程。一方面，必须通过有计划的课程，扎实地上好思政课，强调其理论深度、主导力量和教育效果，展现出思政教学如澎湃海浪般的教学能量。另一方面，通过在校内各个部门和社会各个系统构建起联动的制度体系，有效整合校园中的课程思政资源、校园文化活动以及校外社会实践等内容，使教学内容不仅在课堂上得到阐述，还能以各种活动的形式巧妙地将思政课的精髓植入学生心中。

三、核心理念：在实践中推进"以生为本"的科学育人观念

协同教育是现代教育的一个重要理念，也是新时期高校学生思想政治工作的制度化要求。现代教育学认为，在一个纷繁复杂的教育系统中，虽然各个学科有着不同的属性与目的，但是通过相互的学习与借鉴，一定能够实现教学的协同效应。课堂教学作为学校教育的核心渠道，实践教学乃学生学习的关键途径，网络教学则为现代教育的全新模式。上述教学方法彼此互补、相互推动以及相互支撑，不但能够切实发挥协同教育的效用，而且能够促使学生更优地理解与掌控知识，提升他们的学习成效。要使协同育人实践教学模式更好地发挥其作用，最关键的是要始终把学生放在首位，把社会实践作为一种有效的手段，通过思想政治理论课培养"四个自信"，提高学生的思想道德素质。同时，以立德树人为中心，在专业课和思政课的社会实践中，在专业课程和思政课教师之间，在各方面都要融入协同育人的理念，促进新时期的思想政治教育工作的革新，从而形成一条促进德育与能力建设、德育与德能并重的思政教育与能力提升的最佳途径与措施。以上理念和措施既是落实"高校思政+社会实践"在现实中产生协同教育效果的需要，也是在实践中推进学生中心的实践教学理念的切实要求。

然而，此种两者相融合的协同效应并非自发产生，其需要将"以生为本"的教育理念与具体的教育、教学活动加以结合，例如应用到社会实践当中。以社

会实践为基础，将思想政治教育融入专业课程，将同向同行、协同育人的理念贯穿于思想政治教育的全过程和各方面。建构"以学生为主体"的现代实践探究式有效教学，既充实了新时代课程教学内容，又催生了一切校外实践教学的新观念。它突出强调把学生放在教育教学的核心并秉持着核心素养的育人要求，用现代"以人为本"观念"关注学生来自思想、情感和道德的深层呼唤，关注学生德智体美劳全面发展的获得感"①，因此，"大思政课"建设应坚持"以人为本"的价值理念，秉承系统化、协同性的教学思路，运用大数据、云计算、全媒体等新科学技术手段，依托多领域、多维度的社会资源，综合优化思政课的课程设置和教学元素，将立德树人的价值目标贯穿到校内理论教学和社会实践教学的各个环节，培育大学生的政治素养、道德涵养、使命担当、大局意识和创新精神等。总之，通过思政课社会实践的方式，学生们能够在专业课程的实践中实现"进德修身"和"德智并进"的目标。这种实践教育模式不仅能够培养学生的社会责任感和公民意识，还能够提升他们的综合素质和能力。同时，将社会实践的成果融入思政课教学中，也能够提高学生的学习效果和学习兴趣，在"进德"的过程中也能够推进"修业"。

---

① 燕连福，温海霞. 高校各类课程与思政课同向同行育人的问题及对策［J］. 高校辅导员，2017（4）：13-19.

第四章

"大思政课"背景下"高校思政+社会实践"协同育人的现状审视

"大思政课"从理念的提出，到相关政策的制定，再到实践层面的具体落实是一个长期的过程。党和国家关于"大思政课"建设的政策和思路为高校思政课理论教学和社会实践教学的有机结合提供了依据。基于此，各地各高校以及社会相关行业不断根据实际情况制定具有地方特色的政策措施，以社会"大平台""大格局"为基础和背景，构建起贯穿于学校和社会多领域的理论教学和实践教学相结合的"高校思政+社会实践"协同育人系统。经由学校以及社会各界的广泛协同努力，当下我国"大思政课"建设的理念持续明晰，有关政策举措持续得以贯彻施行，并于实际工作推进过程中获取了一系列积极的成果。然而，客观而言，亦存在部分不容忽视的问题。对此加以审视，能够为"高校思政+社会实践"协同育人模式的构建与优化给予强有力的支撑。

第一节 现状分析

对"大思政课"背景下"高校思政+社会实践"协同育人问题进行深入考察，需要关注现实，聚焦当下，回归到"大思政课"建设和实施的客观现实。为了不断适应社会发展，满足多元化社会情景对思政课建设提出的新要求，"大思政课"应更加注重理论和实践的契合和良性互动，搭建理论知识与生活世界相结合的桥梁，从而成为一项具有理论说服力和课程生命力的创造性工作。课堂教学在思想政治教育中占据核心地位，各级学校均视其为推动思想政治教育深入实施的关键环节，予以高度重视并持续强化。同时，为了积极回应"大思政课"建设的号召，各级学校紧密结合当代社会热点及本地丰富的红色资源，对课程内容进行精心设计，鼓励学生走出教室，深入社会实践，以拓宽视野，增强思想政治教育的实效性和针对性。为了准确掌握我国高校思政课实践教学社会协同现状，曹桢等（2022）在文献研究的基础上，以浙江省重点建设高校师生为对象开展了问卷调查和访谈，收集有关思政课实践教学的相关数据。①

根据有关调研的统计显示，参访者中占70%的思政课教师表示，其所在学校

① 曹桢，喻一珺，王钰菡."大思政课"视域下高校思政课实践教学社会协同机制探讨［J］. 北京交通大学学报（社会科学版），2022，21（2）：59-67.

已为学生实践活动安排了相应的课时，其中，"社会实践教学"占据了近六成。此外，50%的思政课教师透露，他们的学校与党政机关、企事业单位等建立了思政课实践教学基地，为学生提供了更广阔的实践平台。在实践教学形式的评价上，30%的思政课教师认为其形式丰富多样，而40%的教师则认为实践形式比较多样。这些形式多样的实践活动有助于学生在亲身体验中加深对理论知识的理解和认识。关于思政课教学是否实现了课堂与社会的合理结合，两成的思政课教师给予了"完美实现"的评价，而50%的教师则认为"较好实现"。这表明，实践教学在思政课教学中起到了积极的推动作用，有助于学生在真实的社会环境中感受中华文化的博大精深，提升政治认同感，培养责任担当意识，提高学习兴趣和综合素质。值得一提的是，60%的思政课教师认为，实践教学活动能够充分激发学生兴趣，有效补充课堂教学，有助于打破"思政小课堂"和"社会大课堂"的壁垒，促进"大思政课"格局的完善。这一结论进一步强调了实践教学在思政课协同教学中的重要性和价值。

一、政策供给充足

2019年，习近平总书记在学校思想政治理论课教师座谈会上提出，坚持理论性与实践性相统一，将思政小课堂与社会大课堂相结合。2020年，习近平总书记在湖南考察时再次强调，课堂教学与实践教学有机融合。2021年，习近平总书记在看望参加全国政协会议的医药卫生界教育界委员时明确提出，善用"大思政课"。在政策文件方面，2019年，《关于深化新时代学校思想政治理论课改革创新的若干意见》明确提出了思政小课堂与社会大课堂相结合的理念；2020年，《新时代学校思想政治理论课改革创新实施方案》强调各高校要规范实践教学，将思想政治教育有机融入社会实践、志愿服务、实习实训等活动，切实提高实践教学成效；2021年，《关于加强新时代马克思主义学院建设的意见》指出，要立足新时代中国特色社会主义鲜活实践，找准切入点、聚焦点、结合点，加强马克思主义理论研究宣传；2022年，《教育部社会科学司2022年工作要点》针对如何善用"大思政课"进行了详细规划，并计划印发实施《关于全面推进"大思政课"建设工作方案》。此外，《关于教育系统深入学习贯彻习近平在中国人民大学考察时重要讲话精神的通知》也强调，要立足自身优势推进思政课教学改革创新，善用"大思政课"，统筹推进大中小学思政课一体化建设。这些文件所蕴含的"大思政课"理念、要求及实践方法等，为推进"大思政课"建设提供了充分的政策支持。2022年，教育部会同有关部门联合公布了首批453家"大思政课"实践教学基地，这是增强思政课实践教学效果的有力支撑。2023年，北京市委全面深化改革委员会召开第七次会议审议通过了《北京市以实践教学为主题的"大思政课"综合改革试验区建设方案》。2024年，北京市推出了"大思政课"实践教学基地数字地图，以首善标准推动"大思政课"在基层创新。①

总的来说，"大思政课"政策供给充足，充分展现了国家对于思政教育的高度关注与重视。此政策通过拓展课程资源、增强师资队伍、革新教学模式等一系列举措，为思政教育灌注了全新的动力。这不仅极大地丰富了学生的学习体验，还显著提升了思政课的实效性与针对性，有力确保了学生在学习进程中能够深切领悟国家发展的宏阔趋势以及自身肩负的责任使命，为培育能够担当民族复兴重大责任的时代新人构筑了牢固根基。

二、机制常态运行

所谓"大思政课"建设机制，是指通过整合社会育人资源，推动"大思政课"建设，以高水平思政课为基础，激活社会"大课堂"，在全面考虑社会各层面思政"大要素"的前提下，持续推动思政课高质量发展的动态进程。在党和国家的高度关注以及各方的共同努力下，"大思政课"建设机制已实现常态化良性运作。各地各部门纷纷召开"大思政课"建设推进会，为广大师生提供了深入学习习近平总书记关于"大思政课"建设重要精神、深入研究"大思政课"建设理论、持续加强"大思政课"建设经验交流的广阔平台。同时，通过成立"大思政课"建设协同创新中心、建立实践教学基地、打造云课堂学习平台、建设虚拟仿真中心等措施，为"大思政课"的实践探索提供了有力体制保障。基于此，学校与社会层面的组织运行机制已然凝聚合力，全力促进"大思政课"相关政策、制度的切实落地以及良性施行。此外，针对"大思政课"的监督与反馈机制亦处于积极的探索及构建进程当中，通过评价与反馈等方式，确保"大思政课"建设获取实质性的推进成果。

"大思政课"建设机制的创新需要从多个维度加以推进。其一，构建具备跨学科融合特性的教学体系势在必行，需突破传统的界限藩篱，将思政课与各类专

业课程进行有机整合，构筑立体化的教学网络架构。其二，课程内容务必紧密追随时代的发展节奏，做到及时更新迭代，将最新的理论成果以及社会热点融入其中，以强化课程的吸引力和时代感。其三，创新教学方式方法，运用线上线下融合、理论与实践相互结合等多元化的模式，提升教学的互动性及实效性。与此同时，强化师资队伍的建设工作，培育一支政治素养卓越、业务能力强劲的教师团队，为"大思政课"的建设提供坚实有力的保障。通过这些创新举措，助推"大思政课"建设收获更为显著的成效。

三、实践成果丰硕

在政策赋能和机制保障的支持下，当前"大思政课"建设取得了丰富的成果。首先，对"大思政课"的认同度不断上升。在国家及社会的高度重视和积极推动下，各界对"大思政课"的理念和实践认同度明显提高，特别是广大学子对其喜爱度、认可性和点赞量呈明显上升趋势。这种广泛的认同，已然成为强化青少年思想政治引领、深厚培植爱国主义情怀的关键着力点，为"大思政课"的不断创新以及深度发展构筑了坚实的群众根基。其次，逐步构建了"大思政课"的育人新格局。各地依据地方特色和学校实际，积极响应"大思政课"的号召，探索构建了"大思政课"育人新模式，形成了新的育人格局，从课堂讲授延展至社会实践，从线上学习拓展至线下互动，从校内教学延伸到校外拓展，构建起线上线下有机结合、校内外资源深度融合的蓬勃生动之局面，有助于统一育人思想，凝聚育人力量，提升育人水平。再次，建立了"大思政课"专有优质资源库。优质资源库严格甄选的高质量、一体化教学资源，为开展和增效"大思政课"提供了有力支持。这些资源库的构建，不但显著增强了教学内容的丰富程度以及时代特性，而且有力地推动了教育资源的共享以及优化配置。最后，强化了"大思政课"教师队伍，形成了工作合力。各地相继出台高校思政课教师能力提升攻坚计划，旨在培养具有政治素质强、家国情怀深、思维新颖、视野开阔、自律严谨、人格端正的高水平思政课教师，为"大思政课"建设提供了队伍支撑和师资保障，推动着"大思政课"的内涵式、高质量发展。

四、研究持续深化

马克思主义的价值和意义凸显在其独特的立场、观点和方法上。马克思主义始终坚守无产阶级与人民大众的立场，全心全意为人民服务，致力于为人民谋求利益。这一立场代表了无产阶级、劳动人民，乃至全人类的共同利益。正是马克思主义的这一立场，使其在世界范围内具有广泛的影响力和感召力。近年来，"大思政课"在马克思主义科学理论领域以及教育学等其他人文社会科学领域引起了广泛的研究兴趣。众多专家学者的关注使"大思政课"的理论研究得到了长足的发展。研究主体丰富、研究热度上升、研究内容广泛、研究机构多样，研究质量也在不断提高。"大思政课"在迅速跃升为学界的研究热点，众多专家学者针对其价值意蕴、科学内涵、发展逻辑以及建设路径等方面展开了深入的研讨，获取了一系列具有重要价值的理论成果。基于理论研究，各地高校踊跃探寻"大思政课"的教学模式创新之举，例如"双主体互动式"教学模式等，有力地增强了思政课的吸引力和实效性。在深入挖掘"大思政课"的内涵、探讨其价值、拓展其形态以及构建路径等方面，都取得了一系列高质量的研究成果。这些成果在权威期刊或平台上发表，产生了广泛的影响。在此基础上，关于如何构建"大思政课"工作体系、运用其资源以及推进其运行等方面的研究，也为实践提供了有益的经验和规律。总之，马克思主义在全球范围内具有重要价值和意义，而"大思政课"的研究也在不断深入，为我国教育事业的发展提供了有力的理论支撑。

第二节　存在的问题分析

自"大思政课"理念及相关政策提出以来，我国高校思政课沿着中国教育现代化的总体步伐，遵循"大思政课"的系统性改革的思路，其课堂有效性和社会认同度进一步得到提升。值得注意的是，在"大思政课"建设的系统工程中，社会实践教学在高校思政课建设中所发挥作用和价值越来越受到重视，高校思政课建设的社会协同机制也得到发展和完善。但与此同时，随着当前社会发展所出现的复杂问题扩散效应，思政课建设在与社会环境互动的过程中也暴露出一些亟待解决的问题。总体而言，从整体性协同育人的视角来看，当前"大思政课"建设还存在以下几方面问题：

一、条块分割导致高校思政课实践教学社会协同平台支撑不足

构建形式丰富多元、功能多样的社会协同平台，以此推动学校以及社会各教育主体部门协同育人工作的施行，乃是成功开展思政课社会实践教学的有效先决条件之一。"大思政课"格局的建设宗旨就是"以思政课教学为主渠道，打通思政课教学与课程思政、日常思想政治工作、学校家庭社会协同育人等多种育人途径之间的壁垒"[①]，从而实现思想政治教育功能的完整性发挥，绵绵发力，久久为功，不断提升思想政治育人的针对性和有效性。丰富的社会协同平台可以充分聚合学校、家庭、社会的相关资源，对打破协同育人途径之间的壁垒起到关键作用。然而，当前思政课教学中存在条块分割的现象，不同教学体系、模式和资源之间存在壁垒，信息畅通、资源共享、协作互联的共识不足，导致体系重叠、模式混乱、资源浪费等问题，搭建丰富的协同育人平台难以实现，协同育人合力不足。

（一）多方主体力量独立，社会协同资源利用不均

在当前"大思政课"格局下，"高校思政"与"社会实践"协同育人中存在一个亟待解决的难题，即多方主体力量各自独立，社会协同资源利用不均衡。鉴于多方主体力量的独立性，各主体间缺乏行之有效的协同机制，致使力量分散且各自为政，难以凝聚形成合力，对思政课教学效果的提升产生了不利影响。

（1）过多强调辅导员管理职能，忽视立德树人育人导向。"辅导员是开展大学生思想政治教育的骨干力量，是高等学校学生日常思想政治教育和管理工作的组织者、实施者、指导者"[②]，肩负着促进大学生健康成长、全面发展的重要使命。在协同育人机制下，辅导员不再仅仅扮演单一的专业角色，更表现出多元化、综合性的特点，承担着促进大学生全面发展，积极参与教育教学工作，推进高校教育教学改革的责任。但近年来，部分高校过多强调辅导员对于学生的日常管理职能，没有摆正管理和服务的关系，不能紧紧围绕"以学生为本"的工作中心，认为辅导员的职责就是抓好学生日常管理，而在思想政治教育方面出现了"重管理轻服务""重制度轻实效"的现象。这种现象在一定限度上忽视了"立德树人"的育人导向，不利于与思想政治理论课教学同向同行，也不利于形成协

① 张翰麟．"大思政课"建设的逻辑起点、性质指向与关键点位［J］．中国德育，2023（19）：11-15.
② 《普通高等学校辅导员队伍建设规定》（中华人民共和国教育部令第43号）。

同效应。

（2）过多强调思政课教师教研业绩，弱化对学生发展的指导。思政课教师的教研工作无疑占据着举足轻重的地位，它是提升教学质量、推动学科发展的关键环节。然而，思政课教师被过分强调教研业绩的问题，是一种需要认真审视和解决的现状。这种现象的产生，可能会导致教育方向的偏颇，影响学生的全面发展。一旦过度强调教研业绩，可能会导致教师们过分关注自身的学术成就，而忽视了学生的个性化需求和成长过程中的指导。这样的教学方式往往会导致学生对思政课的兴趣降低，缺乏主动性和参与度，进而影响教学效果。一方面，过多关注教师教研业绩可能会催生功利性教学。在这样的环境中，一些教师可能会选择迎合评价指标而不是坚持教书育人的初心。这样无疑会导致思政课的教学质量下降，影响学生的学习效果。另一方面，过度强调教师的教研业绩可能会忽视学生的个体差异和个性化需求。每个学生都是独特的个体，他们有着不同的学习需求和成长背景。如果教师只关注自身的教研成果，而忽视了学生的个性化需求，那么这种教育方式可能会阻碍学生的全面发展。①

（3）过多强调校外专家与案例经验，忽视校本研究与鉴学内培。在当前的"大思政课"格局下，思政课教学还存在着另一个不可忽视的现象：过多地强调校外专家与案例经验，却忽视了校本研究与校内培训。引入校外专家和分享外部案例经验，对于提升思政课教学质量具有一定的积极意义。然而，过度依赖校外专家和案例经验，可能会导致对校内思政课教师自身教研能力的忽视，同时也可能限制了教师对学生校内实际情况的深入了解和针对性指导。一方面，过度着重校外专家以及案例经验，或许会致使教师过度依仗外部资源，从而忽略了自身教学能力的增强以及校本研究的推进。这不但对教师的专业发展形成限制，还有可能对思政课教学内容的针对性与实效性产生影响。另一方面，大量引入校外专家和案例经验，可能会对校内学生的实际需求与问题有所忽视。校内学生群体具备其独有的特性，涵盖特定的学习环境、文化背景以及成长需求等。唯有深度认识并掌控这些特点，才能更有效地满足学生的个性化需求，提高思政课的教学成效。

（二）教学环境割裂与碎片化，社会协同忽略部门之间共有的思政属性

思政课作为培养学生思想观念、道德品质和政治素养的重要课程，其教学环

---

① 《深化新时代教育评价改革总方案》。

境应当是一个有机整体，各个教学环节和资源应当相互衔接、相互促进。然而，当前思政课教学环境存在着割裂与碎片化的问题。社会协同作为思政课教学中不可或缺的一环，在实际操作中部门之间却经常忽略思政要素的协同性。

（1）学校组织结构上多采用垂直管理制度，提高了效率却削弱了协同。学校组织结构上多采用垂直管理制度，虽然提高了管理效率，但可能导致部门之间的沟通和合作受到限制，从而削弱了部门之间的协同合作，导致了协同责任的落实不力。首先，垂直管理制度导致部门之间的沟通不畅。在垂直管理体制下，各部门负责人只对本部门的工作负责，容易导致各部门之间的信息孤岛现象。当问题的解决需要跨部门协同作业时，此类沟通方面存在的障碍将会对问题的解决效率造成严重影响。其次，垂直管理制度致使各部门过度聚焦于自身的职责与利益。在垂直管理的体制框架下，各部门为达成自身的任务目标，或许会忽略与其他部门的协作，进而致使协同育人的目标难以达成。各部门之间的利益冲突以及资源争夺情况亦有可能因此而进一步加剧。此外，垂直管理制度对学校整体协同发展的影响也不容忽视。由于各部门独立运作，学校层面的战略规划和资源整合可能受到影响。这不仅限制了学校整体发展，还可能导致教育资源浪费和重复建设。因此，学校应在充分发挥垂直管理优势的基础上，加强部门之间的沟通与合作，促进学校整体协同发展。这样才能更好地实现协同育人的目标，为培养高素质人才创造有利条件。

（2）没有对"大思政课"系统中参与社会实践教学的元素进行明确，搭建教学实验、实习实训和社会实践融通平台尚未发挥同频共振之效。在"大思政课"格局下，我国各领域思政元素的统一归口管理尚处于模糊不清的阶段，这无疑给思想政治工作的深入推进带来了一定的困难。同时，教学实验、实习实训和社会实践这三个平台的融通尚未形成同频共振的效果，导致资源分散，难以发挥整体优势。首先，对于各领域思政元素的统一管理，我国目前尚无明确的规定和标准，这使思政工作在实际操作中面临着诸多难题。一方面，各部门在思政工作中的职责和任务分工不明确，这可能导致工作重复或者遗漏；另一方面，由于缺乏统一的指导思想，各部门在推进思政工作时可能存在力度不一、效果各异的现象。因此，有必要对各领域思政元素进行统筹规划和管理，以提高思政工作的效率和质量。其次，教学实验、实习实训和社会实践这三个平台虽然在我国思政工作中具有重要的地位，然而目前尚未形成有效的融通。教学实验和实习实训是学生将理论知识应用于实践的重要环节，而社会实践则是学生将所学知识回馈社会、锻炼自身综合素质的平台。这三个环节相辅相成、相互促进。然而，在实际操作中，这三个平台往往存在孤立运作的现象，未能实现资源的共享和优势的互补。因此，有必要搭建一个统一的平台，将教学实验、实习实训和社会实践有机结合起来，以实现思政工作的同频共振。

二、潜能挖掘不足导致与社会需求相适应的实践教学社会协同体系不健全

构建与社会需求相适应的实践教学内容，采用课内外相结合的实践教学方法，建立符合专业特点与社会需求的动态课程体系，是实践教学十分紧要的问题，这也是社会协同的一个重要方面。目前来看，这方面存在的主要问题有：

（一）实践教学内容与实际脱轨，社会协同浮于形式

学校思想政治工作不是单纯一条线的工作，而应该是全方位的。要完善课程体系，解决好各类课程和思政课相互配合的问题。[①] 然而，在我国思政课教育教学过程中，一项不容忽视的问题日益凸显，即课程体系构建存在缺陷，教学内容同实际需求脱节，致使人才培育与社会发展的需求不匹配。此外，社会协同育人这一理念虽已被提出，但在实际操作中往往流于形式，未能充分彰显其应有的效用。

（1）实践教学内容书本化，社会协同内涵不足。首先，实践教学内容书本化。过于倾向书本化，知识的更新速率迟缓，致使学生所习得的知识陈旧僵化，难以契合社会发展的实际需求。此种现象不但对学生的思维拓展形成了限制，甚至有可能令他们丧失对于学习的兴致与热忱。其次，社会协同教育的内涵存在欠缺。在部分学校和课堂之中，教师与学生的交流偏少，学生彼此的交流亦相对受限。这致使教学进程趋于单一化、枯燥化，欠缺应有的活力。社会协同教育的重要性被忽视，导致教育过程浮于形式，无法真正激发学生的潜能。因此，我们需要构建一套全面、科学的教育评价体系，关注学生的身心健康、品德修养、创新能力和实践能力等方面，以促进学生的全面发展。在当前教育体系中，学校与社会之间的合作往往停留在表面，如举办一些形式化的活动等。这种合作方式无法真正满足学生们的实际需求，也使教育改革与社会进步脱节。教育部门应积极探索与社会各界深度合作的新模式，促进教育资源的整合与共享，提高教育质量。

（2）教学内容抽象化，社会协同难以落细、落小、落实。然而，当前实践

---

① 习近平. 思政课是落实立德树人根本任务的关键课程 [J]. 求是，2020（17）：16.

教学中却存在脱离实际的问题。首先，教育内容过于抽象化，脱离实际，难以满足学生的实际需求。当前的教育内容过于注重理论知识的传授，而忽视了实践能力的培养。这导致学生难以将所学知识应用到实际生活中，无法真正掌握知识的内涵和价值。其次，教育内容与课外知识脱节，无法满足学生的求知欲望。学生需要的是全面的、系统的知识体系，而不仅是教材上的内容。"思政课有别于各有侧重、追求纯粹知识或技能的专业课程，从结构上看，它可以被认为是一门'全要素'课程。"① 然而，当下的教育体系难以契合这一需求，致使学生难以构建完整的知识架构，欠缺独立思考以及解决问题的能力。再次，教育内容在推动学生成长与成才方面未能充分施展其应有的效用。教育理应是引领学生探寻自身潜力、施展个人专长、增进自身综合素养的进程。然而，当下的教育内容却显得过于单一化、僵化，难以充分挖掘学生的潜力与专长，从而使学生缺失自信和创造力。最后，教育内容与社会协同难以落细、落小、落实。教育应该是与社会发展紧密相连的，"要以波澜壮阔的实践为课堂，把学生带出去，感受天地之间的浩然正气，让他们在实践中深化理论认知、陶冶情操情怀、增强信仰信念"。② 然而，当前的教育内容却与社会的需求和发展相脱节，导致学生难以适应社会的发展变化。

（二）教学方法重脑力，轻心育，社会协同方式育人性挖掘不足

在我国当下的教育体系内，教学手段主要聚焦于知识的传递与脑力的开发，却对学生心灵的成长以及情感的培育方面有所忽略。此状况致使教育对于学生心理素质的重视程度不足，进而令学生在遭遇压力、挑战与困境之际，欠缺心理承受水平与自我调节的能力。

（1）教学方法重脑力轻心育，忽视大学生在思政课实践教学过程中的劳动付出和情感体验，未能重视过程互动中专业教育与素质教育的深度融合价值。在我国当前的高等教育领域，教学方法在一定程度上仍存在一定的问题。具体而言，在教学进程当中，存在过度侧重知识的传递，着重于脑力活动的训练，却对学生心灵成长的关注以及培育有所忽略的情况。这种现象在思政课的实践教学中体现得尤为显著。首先，在教学方法上过于重视知识的灌输，将大学生的学习过程看作是一种脑力活动，而忽视了学生在实践教学过程中的劳动付出和情感体

① 叶方兴. 大思政课：推动思想政治理论课的社会延展 [J]. 思想理论教育，2021（10）：66-71.

② 沈壮海. "大思政课" 我们要善用之：思考与探索 [J]. 思想政治教育研究，2021，37（3）：26-30.

验。这种重脑力、轻心育的教学方式，导致学生在学习过程中，往往只关注理论知识的学习，而忽视了自身情感、价值观、道德观等方面的培养。这无疑是对学生全面发展的一种阻碍。其次，在教学过程中未能充分认识到专业教育与素质教育的深度融合价值。在这种重脑力、轻心育的教学模式下，教师与学生的互动仅限于知识的传授与接受，而忽视了学生在学习过程中的情感交流、价值观的塑造及个人素质的提升。这种片面的教育方式，使学生在学术领域取得优异成绩的同时，在情感、道德、心理等方面存在不足，难以适应社会的发展需求。

（2）开发式、互动式、反哺式社会协同不足，学生对思政理论形象化、深奥道理通俗化、概括知识具体化的获得感不足，潜能挖掘有限。在当前的社会教育模式中，协同方式主要是以参观和宣讲为主，这种方式在很大限度上促进了学生对思政理论的了解和认识。然而，这种模式在育人方面的深度和广度仍有待提高。其中，开发式、互动式、反哺式的协同育人方式明显不足，这导致学生在接触到思政理论时，对于理论的形象化、深奥道理的通俗化及概括知识的具象化等方面的获得感不强。首先，开发式协同着重于挖掘学生的潜能，激励学生积极投身于思政理论的学习进程之中。但就当下的实际教学状况而言，这种方式的运用尚不够充分。开发式协同存在的缺陷，致使学生在学习思政理论时，常常只是处于表层的认知层面，难以深入领会其内在的意涵。这不但对学生深入学习思政理论构成了限制，也使他们难以充分发掘自身的潜能。其次，互动式协同通过学生之间的互动交流，促使他们思考问题，提高理论素养。然而，互动式协同在实际应用中也存在一些问题。一方面，互动的深度和广度不够，学生在交流中很难碰撞出思想的火花；另一方面，互动的主题和内容往往受到限制，很难覆盖思政理论的方方面面。最后，反哺式协同是以学生为中心，让他们在实践中将所学理论知识回馈社会。然而，在我国当前的教育体系中，反哺式协同的机会并不多。这使学生在学习思政理论时，很难将理论知识与实际生活相结合，从而降低理论学习的实际意义。

三、高校思政课实践教学社会协同评价反馈机制不完善

筑牢"牛桩子"，拽紧"牛鞭子"，务必重视思政课考核指标的多元性以及考核方式的复合性，应当构建多元复合的社会协同评价反馈机制。就当下的状况而言，此类机制尚处于缺失状态。

（一）思政课考核评价理念单一，未能形成规范的考评标准

在当前的教育体系中，思政课的地位和作用越发凸显，其考核评价的重要性不言而喻。然而，不容忽视的是，我国思政课的考核评价理念过于单一，尚未形成一套规范、全面的考评标准。

（1）传统知识内容的应试考核上纲在表，但对实践能力、创新能力、素质发展等综合元素的考查明显展现不足。在当前教育体制下，传统知识的应试考核占据了主导地位，这在一定程度上反映了教育部门对基础知识的重视。然而，这种考核方式仅关注知识的掌握程度，却在实践能力、创新能力、素质发展等综合元素的考查方面存在明显的不足。首先，就实践能力的考查而言，我国当前的教育现状倾向于对理论知识的掌握给予更多重视，却忽略了学生动手实践能力的培养。这致使众多学生在实际操作层面呈现出能力欠佳的状况，难以将所掌握的理论知识有效运用到实践，进而对整体教育质量产生了不利影响。实践能力是人才培养的重要环节，关系到国家未来的科技创新和发展。其次，在创新能力的考查方面，我国教育体系尚未形成一套完整的评价机制。创新能力是一个国家科技水平和综合国力的重要体现，培养具有创新能力的人才至关重要。然而，现行的教育体制过于注重分数，导致许多学生在追求高分的过程中失去了探索和创新的动力。最后，在素质发展的考查方面，我国教育目前仍过于关注学习成绩，而忽视了学生的全面发展。素质发展包括道德素质、文化素质、身体素质等多个方面，是培养德智体美全面发展人才的关键。

（2）考核评价关注终结性结果，多依赖于报告材料，对实践协同进程把控交流反馈不足。在当前的教育考核评价体系中，终结性结果成为衡量学生学习成效的重要依据。这种评价方式虽然在很大程度上关注了学生的学习成果，但却在实践协同进程的把控和交流反馈方面存在不足。首先，终结性评价过于依赖报告材料，这使评价过程容易忽视学生在学习过程中的实际表现。报告材料诚然能够体现学生的学习成果，然而其难以全方位展现学生于团队合作、问题解决等维度的能力。故而，在评价流程中，教师应当更多着眼于学生的实践表现，从而更完备地评判他们的学习成效。其次，终结性评价在对实践协同进程的掌控上存在欠缺。在实际教学进程当中，学生彼此的合作与交流对于知识的领会和能力的增进极为关键。但现有的评价体系通常对这一方面有所忽略，致使学生在团队合作方面的能力难以获得充分的评价。因此，教育工作者需要关注学生在实践协同进程中的表现，鼓励他们积极参与团队合作，提高他们的沟通与协作能力。最后，终

结性评价在交流反馈方面存在不足。在评价过程中,教师往往过于关注学生的成绩,而忽视了对他们的指导和帮助。这种做法容易导致学生在学习过程中遇到困难时得不到及时的支持。为了改善这一状况,教师需要加强对学生的过程性评价,及时了解他们在学习中的需求和问题,并给予针对性的指导与反馈。

(二)实践教学社会协同效果的评价体系缺乏多元性,评价方法创新不够深入

在当下的高等教育实践进程之中,能够显著察觉出一个突出的问题,即实践教学社会协同效果的评价体系表现得较为单一,欠缺充足的多元性。此评价体系不仅难以全方位展现实践教学的真实状况,而且无法切实有效地衡量学生的实际学习成果。尤为关键的是,这种评价体系在评价方法的创新层面也显得不够深入透彻,难以适配实践教学的发展需要。

(1)未充分运用过程性评价,知识评价、价值评价与社会实践评价结合不紧密。在当前的教育实践中,对学生的评价过程进行评价时,尚未充分运用过程性评价、知识评价、价值评价与社会实践评价的有机结合。这种现象不仅限制了评价体系的全面性与综合性,也使得评价结果在一定程度上失去了客观性与公正性。首先,过程性评价运用不够充分。过程性评价注重学生在学习过程中的表现和成长,强调实时关注学生的动态,为学生提供及时的反馈与指导。然而,在实际评价中,许多学校和教师过于关注学生的考试成绩,忽略了学生在学习过程中的努力与进步。这不仅导致评价的片面性,还可能对学生的心理健康产生负面影响。其次,知识评价、价值评价与社会实践评价的结合不紧密。知识评价主要关注学生对知识的掌握程度,而价值评价则关注学生在道德、文化、审美等方面的素养。这两种评价方式分别反映了学生的学术能力和人文素养,是教育评价中不可或缺的部分。然而,就社会实践评价而言,我们通常过度聚焦于学生的校外活动与社会服务,却对校内实践的重要性有所忽视。事实上,校内实践活动亦是培育学生实践能力、增进学生综合素质的关键路径。

(2)评价主体与评价方法之间存在脱节现象,未能有效根据我国高校思政课教学特点进行相应的转化与调整。在我国高校思政课教学中,评价主体与评价方法之间存在脱节现象,这是一个不容忽视的问题。思政课作为一门特殊的学科,其教学目标旨在培养学生的思想政治素质,帮助他们树立正确的世界观、人生观和价值观。然而,在实际教学进程之中,评价主体与评价方法之间未能达成有效的衔接,致使评价结果未达理想状态,对思政课教学效果的充分发挥造成了

影响。首先，评价主体与评价方法的脱节表现在评价指标的不统一。在部分高校，思政课的评价体系仍然侧重于对学生知识掌握程度的考核，而忽视了对学生思想政治素质、道德品质和实际操作能力的评价。这种情况下，评价结果很难全面反映学生的综合素质，不利于激发学生的学习兴趣和积极性。其次，评价主体与评价方法的脱节还体现在评价过程中的主观性上。鉴于思政课教学内容所具有的特殊性，在评价进程里，极易受到评价者自身观点、价值观等要素的左右，致使评价结果丧失客观公正性。这不但弱化了评价的权威性，还对学生的良性成长造成了不利影响。

第五章

"大思政课"格局下"高校思政+社会实践"协同育人的建构路径

建设落实"大思政课",开门办课是核心,结合实践是关键,强化现实关怀是重点,增强思想性、理论性和亲和力、针对性是根本。建好"大思政课",要坚持系统思维,从教师课堂讲授到学生现实体验,从小课堂互动到大课堂共振,要不断增强思想政治理论课教学新动能,拓展社会大课堂新供给,彰显大师资体系新优势,深化"课程思政"建设新赛道,打造思想政治工作新生态,最终实现立德树人的新成效。因此,需要打通不利于"大思政课"协作的壁垒,建立思政课建设中学校小课堂和社会大课堂相结合整体性的原则和路径,既注重理论讲授,也要充分关注、运用、吸收和回应实践的协同原则,从现实路径来考量思政课建设"引进来"与"走出去"相结合的对策,使思政课走出课堂,走向社会。从实践路径上讲,用好社会大课堂,需要进一步强化社会实践的思想引领和专业支撑,实现"大思政课"的以"大"促"强"。

第一节 "大思政课"背景下"高校思政+
社会实践"协同育人的原则思路

习近平总书记的讲话揭示了讲思政课,尤其是讲"大思政课"的思路。不能照本宣科,也不能照文件宣读,而是要跟现实结合起来,这样才会具有社会现实感、生命力。结合上述语境,理解习近平总书记关于"大思政课"的重要论述。

一、"同向"原则

从本质上讲,"大思政课"背景下的社会实践教学,仍然具有思政课课堂教学的本质属性,即以学生为主体、以思想政治理论课教学内容为对象、以解放思想政治理论课教育教学问题为目标、以开展社会实践活动为方式的实践教学活动。思政课社会实践有助于学生通过社会实践深化课堂理论学习,运用马克思主义世界观和方法论辩证看待现实社会;运用马克思主义中国化时代化的最新理论成果了解社情国情,领悟党的路线、方针、政策的正确性;运用思想道德修养和法律基础的有关知识提升道德品质,遵循社会公序良俗;结合中国近现代史,从历史视角审视社会变化,预测社会发展趋势。因此,高校思政课校内课程与社会实践教学课程同向而行、同向发力，具体表现为两个方面：一方面是指在宏观层面，以社会实践为实施教学的载体，提高学生综合素质，促进学生全面发展，落实立德树人的根本任务。另一方面是指在微观层面，借由多种社会实践活动，综合提升学生的社会参与能力、环境适应能力、创新创业能力等人生成长阶段所必备的具体能力，扎根中国大地了解党情国情社情民情，走进现实社会了解政府政策政治，提升社会责任感和道德责任感。

将高校思政课校内课程与社会实践教学课程进行有机衔接，确立两者在育人目标和育人价值方面的同向原则，有利于从理论教学和实践教学两个层面共同形成教育合力，将专业知识的学习和理想信念的塑造进行科学统一，帮助和引导大学生形塑价值观与行为规范，使其启智增信，不断提升政治觉悟，确立爱党爱国的高尚情怀。

（一）在实践和认识的相互作用中坚持思政课情感深度和理论厚度相结合

马克思主义认为，认识的本质是主体在实践基础上对客体的能动反映，认识的初级阶段和高级阶段分别为感性认识和理性认识，它们是人对客观世界的两种不同水平的反映形式。习近平总书记在中国人民大学考察调研时强调："思政课的本质是讲道理，要注重方式方法，把道理讲深、讲透、讲活，老师要用心教，学生要用心悟，达到沟通心灵、启智润心、激扬斗志。"① 思政课既要把道理讲清楚、讲明白，也要融情于理，讲理又用情，这样才能培育出兼具学识能力与品德修养的学生，达到情理共促、启智润心的效果。

在思政课的教学进程内，实践与认识的彼此促进作用，不仅将知识的传递予以深度拓展，还对学生的心灵成长发挥了积极的推动效能。此过程，深切彰显情感深度和理论厚度的密切关联。就人的存在而言，人是自然存在物，同时也是精神存在物，这里的"精神"既包括理性因素，如逻辑思维、分析判断能力，也包括非理性因素，如情感、意志、价值观等。在理性因素和非理性因素的共同作用下，人们能够形成正确的认识、实施有目的的行动。其中，理性因素是学生理解并掌握思政课理论知识的基石，它们帮助学生系统地学习马克思主义基本原理，科学地分析社会现象，形成正确的世界观、人生观和价值观；并且驱使人们根据主体的需要，认识客观世界，把握客观规律，开展实践活动，实现实践目

① 习近平在中国人民大学考察时强调坚持党的领导传承红色基因扎根中国大地 走出一条建设中国特色世界一流大学新路［N］. 人民日报，2022-4-26（1）.

标。非理性因素则是学生内心世界的真实反映，是驱动其行动的重要力量。在思政课里，我们应注重激发学生的情感共鸣，凭借生动的故事和感人的案例，促使学生于情感的澎湃激荡之中体悟到理论的魅力所在，进而强化其对社会主义事业的认同感与责任感。

作为新时代高质量发展的思政课，"大思政课"要兼顾理论厚度和情感深度。一方面，"大思政课"要讲清楚道理和规律，这些规律既包括自然界、人类社会和思维发展等最普遍的规律，也包括中国共产党执政规律、社会主义建设规律等较为具体的规律。这一进程通过由浅入深、由表及里的形式展现了社会发展的深层次逻辑以及客观规律，不但增进了学生的理论素养水平，而且培育了其独立思考以及批判性思维的能力。另一方面，"大思政课"要关照人们的情感诉求，讨论并解决情系民生的现实问题。此种情感关怀不但让理论知识更便于被接受和被理解，而且推动了学生价值观、道德观的积极构建，达成了知识传授和价值引领的双重目标。在理性与感性的共同促进下，"大思政课"将更能以理服人、以情动人，并具备传统思政课所不能比拟的说服力和影响力。

（二）在实践的真理尺度和价值尺度中坚持批判和建构相结合

"大思政课"背景下进行高校思政课社会实践要在实践的真理尺度和价值尺度中坚持批判和建构相结合。从功能论的角度来讲，"大思政课"的意识形态具有批判功能和建构功能，其批判功能指的是意识形态能够批判外来思想，揭示社会现实中的问题，其建构功能指的是规范社会行为，在利益多元化的社会环境中实现新的意识形态的建构。批判与建构互为支撑、彼此推动，主流意识形态于批判错误意识形态的进程中持续演进，此种演进绝非自发形成，而是自觉构建而成。在社会环境瞬息万变以及意识形态领域态势繁杂的情境下，具备意识形态属性的"大思政课"需施展其批判与建构的功能，将思政小课堂与社会大课堂紧密融合，引领学生在思政课的引导下以辩证视角审视社会现实，助力主流意识形态在变幻莫测的舆论战场上稳固立足。唯有此种有意识的建构，方可展现主流意识形态的真理尺度与价值尺度，进而充分展现主流意识形态蓬勃的生命力与强大的引领力。需予以关注的是，意识形态的批判与建构功能始终和社会实践紧密相连。批判的内容源自社会实践的问题，批判的强度及有效性需在社会实践中予以检验，意识形态务必要稳固地建构于社会实践的基础之上。从价值论和实践论的角度来讲，正如马克思所言：人们的实践活动总是受着真理尺度和价值尺度的制约①。社会实践是开展"大思政课"的基本途径，因此"大思政课"也要遵循真理尺度和价值尺度，不仅要揭示社会实践中所蕴含的客观真理，而且要帮助学生形成正确的价值判断和价值选择。而价值判断和价值选择并非客观公正的，总是带有一定的意识形态倾向。当今社会存在多种意识形态，多种意识形态衍生出复杂多样的思想、道德、艺术、哲学等。为统一思想、凝聚共识，避免人们迷失于纷繁复杂的意识形态，主流意识形态要发挥其引领作用，以主动的姿态直面错误的意识形态，在交流交锋中维护其指导地位。

总之，批判与建构相辅相成、相互促进，主流意识形态在批判错误意识形态的过程中不断发展，这种发展并非自发生成的，而是自觉建构的。只有这种有意识地建构，才能体现主流意识形态的真理尺度和价值尺度，才能充分彰显主流意识形态的旺盛的生命力和强大的引领力。面对迅速变化的社会环境和意识形态领域的复杂局面，具有意识形态属性的"大思政课"要发挥其批判和建构功能，把思政小课堂和社会大课堂紧密结合，引领学生在思政课的指引下辩证地看待社会现实，帮助主流意识形态在风云变幻的舆论战场上站稳脚跟。值得注意的是，意识形态的批判和建构功能始终与社会实践紧密相连，因为批判的内容来自社会实践中的问题，批判的强度和有效性需要在社会实践中检验，意识形态要牢牢建构在社会实践的基础之上。只有建立在实践基础之上的"大思政课"才真正具备政治引领力和价值引导力，否则就是"空中楼阁"，也是"纸上谈兵"。

二、"同行"原则

将学习书本知识与参与社会实践予以结合，乃是一种关键的教育教学模式。尽管同属此类教育教学模式，然而思政课社会实践与专业课社会实践在侧重点方面却存在差异。前者侧重于引导学生以思政课理论知识为指引、以社会实践为途径，在广袤的祖国大地上了解社情民意，提升道德品质。后者侧重于在实习实训中提升学生的专业素养和能力，为择业就业做好前期准备。只注重思政课社会实践，忽视专业课社会实践，学生难以习得谋生本领；只重视专业课社会实践，忽视思政课社会实践，学生容易在社会实践中迷失自我。因此，思政课社会实践与专业课社会实践对于学生的成长成才都有着不可或缺的作用，两者应当在课程思

---

① 马克思主义基本原理［M］. 北京：高等教育出版社，2023.

政的作用下同向同行、相互促进。作为一种综合性的教育理念，课程思政要求专业知识要与思政元素相结合，专业课社会实践的各个环节都要蕴含思政课的有关内容，将专业课社会实践打造成一门提高专业素养、增强实践能力、进行思想政治教育的综合性课程。

在课程思政这一教育理念的指引下，思政课社会实践与专业课社会实践从目标一致的"同向"关系递进为携手共进的"同行"关系，其中，"同行"关系是指两者相互补充、相互促进、德业融合。这具体表现为以下三个方面：

一是思政课肩负着时代赋予的铸魂育人、立德树人的重大责任，肩负着维护国家意识形态安全、培养社会主义建设者和接班人的政治使命，因此思政课社会实践具有政治引导、思想引领和价值指导作用，这对专业课社会实践具有补充和促进作用。

二是专业课社会实践涉及专业知识的学习、价值观的培养、实践能力的提升、社会责任感的熏陶等方面，这不仅有助于拓宽思政课社会实践的教育空间和丰富其教学内容，也有助于为思政课社会实践提供学科"抓手"，在其他学科中挖掘可以为思政课所用的育人资源。

三是课程思政为专业课社会实践与思政课社会实践的相互补充、相互促进、德业融合提供了理论指导和现实路径。课程思政通过挖掘专业课社会实践中有益于开展思想政治教育的合理元素，找到恰当的切入点将思想政治教育融入教学、管理和服务之中，形成道德品质与专业素质齐头并进的有利局面。具体来说，课程思政理念不仅有助于专业课教师在尊重教育对象发展规律和专业课教学特性的基础上探索专业课与思政课的耦合关系，避免在社会实践中出现专业课和思政课彼此脱节的现象；也有助于思政课教师在社会实践中关注学生专业能力和综合素质的培养，提升思政课的现实针对性和实际功能性，促进思政课社会实践与专业课社会实践形成互促共进的协同育人格局。

校内校外协同育人的教学模式在开展中不仅要秉持"高校思政+社会实践"的实践原则，还要考虑师资力量、职能部门、育人理念、育人效果、参与机制和运行机制等多方面因素。

首先，此模式采用"三全育人"的指导理念，即全员、全过程、全方位教育，并结合协作教育的育人理念，创新地构建了一套旨在指导、协调和激励思想政治理论课程与专业学科课程同步发展的社会实践教学合作机制。其次，此机制涵盖各个学院、教务部门、学生事务处及团委等众多教学和职能单位，确保了不同部门在实践教学中的协同作用，以实现综合育人目标。也就是说，为了有效地结合专业课程与思想政治课程的社会实践活动，亟须建立一个包括专业课程教师、思想政治课程教师和辅导员在内的共同参与机制，以此举解决思想政治课程在思想政治教育中单独作战的不利局面。同时，为了满足基于协同教育理念构建的新社会实践教学体系的需要，模式中发展的综合运行机制确保社会实践活动与思想政治课程的实践教学、科研活动、人才培养及思想政治教育体系的有机整合。

当然，协同育人模式更需要充分考虑校内校外的主体活力，健全"高校思政+社会实践"的思政教育协同领导体制，通过动员校内各方面的资源，建立校内与校外合作的工作模式，解决了各部门各自为政的局面。只有这样，才能持续提供必要的体制和机制保障，以支持协同育人实践教学模式的构建。长期以来，众多高等教育机构不断探索如何将各类课程与思想政治课程融合于实践教学之中，旨在实现"大思政课"的综合育人目的。然而，这些努力并未达到预期的效果，主要原因在于缺少一个将实践教育与思想政治教育紧密整合的协作机制。要转变现有的实践教学模式，首先必须从"大思政课"的视角充分认识到社会实践在思想政治教育中的重要功能。"不同的主体必然囿于各自工作条件的子目标和职责，难以形成育人的合力，甚至可能引发分力和壁垒。"① 只有激发各方在思想政治教育方面的积极性，确保他们能够齐心协力、共同肩负起育人责任，才能促进教育单位和学校各职能部门形成参与社会实践活动的有力联盟。

三、"协同"原则

高校开展的社会实践种类繁多，按课程性质和教育目标的不同，可以将其分为专业课社会实践、思政课社会实践、社会服务类社会实践、创新创业类社会实践、文化体育类社会实践等类型；按调查项目来源的不同，可以将其分为学校组织的社会实践、政府或社会组织委托的社会实践、校企合作的社会实践、学生自主发起的社会实践等类型。这些社会实践类型的共通之处在于，无论其以何种形式开展，均为提升综合素质的教学形式与教学载体之一，皆蕴含着社会实践所固有的天然育人属性，且均需将思想政治教育融入社会实践的全程。与此同时，不

---

① 郑敬斌，孙雅文. 思政课与其他课程同向同行的逻辑前提、现实梗阻与实践指向［J］. 高校辅导员，2019（8）：29-33.

同类型的社会实践因其目的和宗旨存在差异,在协同育人中所发挥的作用亦各有侧重。其中,思政课社会实践,作为一种特殊的社会调查实践教学形态,意在推进高校思政课实践教学的改革与创新,进一步增强思政课教育教学的针对性和实效性。此形式不但要求学生积极参与思政课的调研活动,还涵盖思政课教师负责的科研项目调研内容。在此过程中,学生应依照思政课程和教师的要求完成指定调研任务,并据此撰写相应的调研报告,力求将其成果推广和应用,从而深化对思政课内容的理解和应用。思政课社会实践强调在思政课教学的框架下,以马克思主义中国化的最新理论成果为导向,重点发展学生的创新思维和社会实践能力。这种实践活动不仅是政治方向的明确指引,更是价值引领的显性体现,旨在帮助学生深入理解并应用马克思主义理论,进而提升他们的综合素质和社会责任感。专业课社会实践包含学校组织的专业课程实践活动,专业课教师主导的研究项目调研,以及学生基于个人兴趣自主选择的专业调研活动。近年来,课程思政的融入为专业课社会实践注入新的活力和活力,它强调在专业课实践中深入挖掘思政元素,发挥思政课的教育作用,促进社会实践中价值引导、知识传授和能力培养的深度结合。在这一进程里,教师和学生身为专业课社会实践的参与主体,不但要编写出围绕专业课程内容的调研报告,而且还得完成有关思想政治教育的调研总结,以此来彰显专业课社会实践当中的课程思政要义。因此,专业课社会实践不仅要强调对专业技能、调研技巧和创新能力的锤炼,还要注重社会实践的政治方向和价值导向,实现隐性教育。尽管思政课社会实践与专业课社会实践在教学侧重点上有所不同,但二者在政治教育和价值认同方面却殊途同归。在传授知识、培养技能、提升学识、增强能力等方面,二者相互补充、相得益彰,共同朝着德智并进、协同育人的目标迈进。在协同育人的道路上,思政课社会实践与专业课社会实践既保持独立,又相互支持,通过课程思政的隐性教育方式,共同实现德能并举和德智并进的教育目标,为培养全面发展的新时代人才贡献力量。

1. 坚持整体性原则,推进系统整合

系统思维的整体性原则强调统筹全局,兼顾各方,调和矛盾,使系统焕发出最佳效能,以整体视野促进"大思政课"的系统性整合。从整体视野出发推动"大思政课"的系统性整合,有必要构建跨学科协同平台,对思政教育与社会科学、自然科学等多个领域的知识加以整合,塑造交叉融合的教学内容体系。强化顶层规划设计,清晰界定各学段思政课程目标的衔接关系,规避内容的重复及脱节现象。此外,还要推进线上线下教育资源的深度融合,借助现代信息技术构建智慧思政课堂。与此同时，激励学生投身社会实践，把理论知识和社会热点、个人体验相结合，强化教学的实践性与感染力。最终，构建起全校上下、全社会共同参与的大思政格局，切实增强思政教育的系统性、针对性及实效性。具体实施措施包括：

首先，进行整体布局，强化顶层设计。坚持以中国化时代化的马克思主义最新成果为指导，强化问题导向和实践导向，规划发展路径、制定任务清单和明确时间安排。其次，推动整体进展，强化组织领导。完善工作机制，组建"大思政课"建设的领导工作小组和专家咨询委员会，制定工作方案并优化推进机制。再次，实现整体协调，增强支持保障。各地各级教育部门要深化政策协同，支持高校"大思政课"建设，协调配置场所资源、财政资源、平台资源、技术资源等，构建涵盖大中小学的思政课程体系，并建设与之配套的思政课数字资源库，推动数字化赋能思政课一体化建设。最后，追求整体优化，发挥示范效应。采取深入试点、分类施策的方式开展"大思政课"综合改革，精心打造一批品牌示范活动，推出一系列具有引领作用的示范课程，培育和建设一批示范高校，选拔和培养一批德才兼备的教学名师和团队，建设一批高校教学研究示范中心，以推动教学质量的全面提升。

2. 坚持协同性原则，推进要素耦合

在系统中，各要素的相互联系和依赖程度应当被合理控制和优化。具体来说，耦合性反映了系统内部不同要素相互影响和依赖的紧密程度。系统结构的耦合性要求是对系统中要素间关系的一种优化和控制，旨在提高系统的稳定性和灵活性。在系统结构耦合性的框架下，"大思政课"建设要坚持协同性原则，推动诸多要素和环节的耦合。这种耦合绝不等同于不同学段、不同方法、不同场景、不同主体的简单相加和组合，而是要求各环节和各要素之间形成深度联动，优化整体功效并形成协同效应。具体实施措施包括：

首先，要实现全员协同。"大思政课"的有效开展仅凭学校一己之力难以负重，需要党委、政府、社会等多方力量积极参与，形成党委统一领导、政府统筹协调、社会积极配合、学校具体实施的"大思政课"建设格局。思政课教师、专业课教师、专职辅导员、心理咨询师、班主任等，要充分利用各自在理论素养、专业知识、学生管理、心理疏导和班级管理等方面的优势，形成优势互补、携手共进的思政工作态势。学校和家庭之间要定期沟通并持续合作，为学生的健康成长创设温馨和谐的成长环境，为思政课提供生活化实践场景的育人空间。

其次，要实现全过程协同。要遵循教育教学规律、课程与教学设计规律、思想政治教育规律和学生身心发展规律，推动不同学段思政课程教学内容的分层递进和螺旋上升，推动大中小学思政课一体化建设。同时，要推动思政课程与课程思政同向同行，深入挖掘其他课程中关切现实社会、关照个人成长、关乎价值理念的思政元素，形成"大思政课"育人共同体。此外，要推动"主渠道"和"主阵地"发挥协同效能，思政课要将日常思想政治工作遇到的实际问题转化为教学素材，甚至上升为理论知识，日常思想政治教育要将思政课中的相关理论打造成主题教育实践活动，促进"主渠道"的理论泉水源源不断地涌入"主阵地"的实践场所，推动"主阵地"为"主渠道"提供施展本领的广阔场域。

最后，要实现全方位协同。要实现课上课下互联互通，将思政课实践教学作为打通课上课下教学阻隔的重要途径，为课堂教学与实践教学的协同发展提供人员保障、政策支持和物质条件。同时，要实现线上线下互联互通，提高网络运用水平，将传统的思政课堂延伸到网络空间，以满足数字时代学生的学习需求。此外，要实现校内校外互联互通，借助社会资源，将思政课堂从学校延伸到社会，构建具备全局视角的育人工作体系。

3. 坚持开放性原则，推进资源聚合

复杂系统科学认为，系统只有始终保持系统整体的开放性和系统内部构成要素的流动性，才能拥有推动自身不断更新迭代的强劲动力。建设"大思政课"同样需要秉持开放性原则，持续与外部环境展开资源的交互与整合，以维系"大思政课"这一繁杂系统的发展生机与活力。

一是整合理论资源。要紧跟党的理论创新的步伐，把马克思主义中国化时代化的最新理论成果和哲学社会科学的最新理论创见作为充实思政课讲道理的理论资源，融入思政课程、课程思政和日常思想政治教育之中，引领学生实现从"两耳不闻窗外事，一心只读圣贤书"的状态到密切关注世情、国情、党情、民情的发展变化的转变，增强学生对党和国家计划方针政策的领悟力和认同感，促使学生自觉对标社会主义建设者和接班人的要求。

二是整合历史资源。"大思政课"要具备大历史观，把党史、新中国史、改革开放史、社会主义发展史作为丰富史料充实思政课的历史资源，以丰富厚重的历史积淀强化国家认同，传承理想信念，增强文化自信。充分挖掘各地区、各民族的历史故事和历史人物，开发以历史事件为主题的思政课实践活动，促进历史资源走进课堂、走近学生，为学生提供历史滋养和历史智慧。

三是整合实践资源。"大思政课"要助推调查访谈、参观学习、志愿服务等实践活动服务于思政课教学，努力打造集研修研学、实习实训于一体的思政课教学实践基地，在社会实践中"劳其体肤、苦其心志"，增强学生在理论教学中所不具备的意志力和行动力。

四是整合网络资源。根据教师教学所需、学生学习所需，整合融媒体力量，打造功能互补的"大思政课"融媒体矩阵，增强思政课的互动性和实效性；统筹全媒体资源，发挥全媒体渠道多样、覆盖面广、传播迅速的独特优势，创新思政课的传播样态；搭建一个涵盖课件、视频、讲座、论坛、文献等资源的思政课教学资源共享平台，打破数据孤岛，放宽数据访问权限，简化数据获取流程，为思政课教师提供更多、更便捷的网络资源。

4. 坚持适应性原则，推进系统拟合

鉴于系统演化所具备的动态特性，"大思政课"的构建务必要遵循适应性准则，依照教学进程、教学环境以及教学成效的变动情况，即时展开评估与反馈工作，以此达成系统结构的整体性优化，保证教学系统的各个构成部分能够顺利衔接并实现高效协同，促进系统持续迭代、不断改进。

一是要推进"主体性"和"客体性"相适应。教学主体要将定性与定量、描述分析与量化测试相结合，及时掌握教学客体的思想状态和行为动态，并据此合理调整教学内容和教学方式，提升思政课的育人效果。教学客体要主动参与思政课教学，在与教学主体进行理论切磋和情感互动的过程中，解答自身在求知过程中的困惑点、在成长过程中的矛盾点。

二是要推进"供给侧"和"需求侧"相适应。既要为"大思政课"提供高标准、高质量、高成效的教学资源供给，又要体察"大思政课"系统运行过程中遇到的痛点难点堵点，聚焦学生心中所思、脑中所想、情之所求，实现供给侧和需求侧的精准适配，增强立德树人实效。

三是要推进"方向性"和"时代性"相适应。"大思政课"建设既要坚持正确的政治方向，坚持马克思主义科学理论的指导，坚持社会主义办学方向，做到为党育人、为国育才。又要保持鲜明的时代性，根据教育数字化、信息化和智能化的现实处境、中国式现代化建设新征程的客观语境、受时代变化和科技发展影响的主观心境，运用前沿的教学情境、教学话语、教学策略，推动教学模式创新创造。

四是要推进"评估向"和"反馈向"相适应。既要构建科学有效的评价指标体系,对"大思政课"进行全方位动态监测,又要畅通多元反馈机制,在数字技术的支持下搭建交流平台,获取学生和公众的真实反馈,促进教学方法和教学策略的调整和完善,优化教育和学习效果。在上述四组关系相互适应的过程中,实现"大思政课"系统的动态调适,持续精进。

第二节 "大思政课"背景下"高校思政+社会实践"协同育人的提升路径

"大思政课"格局下"高校思政+社会实践"协同育人机制的实现,是高校思想政治协同育人教育理念在现实中的贯彻。高校在实现"大思政课"背景下将高校思政与社会实践融合育人的过程中,需要从教学理念、问题解决、教学队伍及教学内容等多个方面出发,坚持"高校思政"与"社会实践"双场域育人,促进学生理论知识学习与实践能力提高的共同发展。

一、转变观念:奉行"高校思政+社会实践"协同育人的教学理念

确保"大思政课"背景下高校思政与社会实践协同育人机制的有序建立和长期维持,首先需要从理念层面转变以往存在的单一化、片面化等的教学观念,从整体性、协同性的角度强化社会实践融入"大思政课",与高校思政课进行有机合作的协同育人观念。具体而言,一要坚持马克思主义实践观对"大思政课"建设的思想引领,以社会实践引领和促进高校思想政治教育质量的整体提升;二要重视将社会实践与高校思政课程进行深度融合,并从更广阔的视野审视当代思政课建设的高度和角度,使思政课程突破传统的思维局限和思想枷锁;三要强调专业课建设思政导向,实现思政课程与课程思政的同向同行、共同发力。

(一)坚持马克思主义实践观思想引领

实现"大思政课"背景下高校思政与社会实践协同育人的思想政治教育格局,必须以马克思主义实践观为理论指导,充分发挥思想政治教育的实践性。马克思主义实践观认为,实践是认识的基础,也是检验人们认识正确与否的唯一标准。高校思想政治教育的最终目的,就是通过思想政治教育的教学过程,尽可能地使大学生将所学的思想政治教育理论知识内化为自己的思想,并最终在社会

中外显，要达到这一目的，社会实践活动是最行之有效的方式。列宁曾指出：“训练、培养和教育只限于学校以内，而与沸腾的实际生活相脱离，我们是不会信赖的①。”由此可见，在高校思想政治教育过程中，需要将高校思政和社会实践有机结合，使二者的融合机制成为“大思政课”格局下有效的育人媒介。

随着思想政治教育体系的不断完善，社会实践在高校思想政治教育中的育人地位也逐渐凸显。习近平总书记也曾多次谈到实践对新青年思想塑造与价值观培养的重要性，强调“必须大兴学习之风，坚持学习、学习、再学习，坚持实践、实践、再实践②。可以说，实践乃是促进人的全面发展、贯穿人的成才历程的一条关键主线。思想政治教育的演进与实践的推进存在着紧密的关联。在推进与发展思政教学工作的研究进程里，众多高校相继推行了“实践育人模式”，主张将社会实践视作思想政治教育发展的内在驱动力与引领力量。例如，鲁东大学密切落实团中央关于实施大学生社会实践的部署，创设了“1+2+N”的大学生社会实践教育新模式，该模式以社会实践志愿服务活动为依托，以社会大课堂为教学主战场，凝聚高校、政府、社区等多元教育主体，实现社会实践的校地结对机制，最大限度地发挥专业特色，整合社会资源，实现高校思政与社会实践在社会实践教育中相互促进、充分配合，培育有理想、敢担当、能吃苦、肯奋斗的新时代社会主义建设者和接班人。

（二）重视思政课社会实践显要地位

在高校思政课程的教学框架中与社会实践教学的有序衔接有助于推进思想政治教育整体格局高质量发展。传统思政课教学大多都以课堂为教学主渠道，以课本为主要教学内容，“大思政课”背景下的高校思想政治教育与以往最大的区别就是高校思政课教学需要与现实生活紧密结合。“思政课教学遇到的最大挑战还是需要更多的社会实践资源参与课程供给，从而能更好地讲活思政课。”③ 社会实践活动在思想政治教育中占据着不可或缺的关键地位。借助开展社会实践，学生能够于社会实践的推进进程中，更为全面、具体且细致地洞悉国家的政策方针，并且在应对问题之时，有针对性地将所学的思想政治教育理论知识应用于社会实践当中，促使学生于社会实践中不知不觉地提升自身思想素养，增强思想政

① 列宁全集（第39卷）［M］.北京：人民出版社，2017：342.

② 中共中央宣传部.习近平总书记系列重要讲话读本［M］.北京：学习出版社，人民出版社，2016.

③ 徐艳红.思政课老师收获了什么［N］.人民政协报，2024-01-24（8）.

治教育的实效性，为受教育者接受洗礼和训练创造条件，为其在未来更出色地投身社会、服务社会筑牢实践根基。因此，"要强化社会实践育人，提高实践教学比重"。①"大思政课"格局下高校思政的教学安排应该摒弃传统思想，重视思政课程下社会实践教学的重要地位，以"同向同行""协同育人"的理念为指引，树立"思政课程+社会实践"的新型教学理念，使社会实践活动成为思想政治教育的重要教学载体与教学场所。鲁东大学依托烟台市委，对于在"大思政"格局下如何更好地讲透、讲活思政课进行了一系列实践，通过带领学生参观胶东公学历史陈列馆、郭永怀事迹陈列馆等红色教育基地；指导学生们在对伟大建党精神、北京冬奥精神以及党的二十大精神的全面学习与掌握的前提下开展"大学生三下乡活动""志愿服务活动"等社会实践活动，切实引导学生在做中学、在用中学，使思想政治教育突破传统思想的枷锁，与时俱进，把握时代脉搏，探索新时期有效教育策略的现实落地。

（三）树立专业课社会实践思政导向

在"大思政课"的背景之下，达成高校思政与社会实践的有效耦合，务必要强化在专业课社会实践进程中思政元素的引入，逐步于专业课的实践教学流程中达成思政育人的目标。高效的思想政治教育属于一项系统且综合性的教育工程。单一的传统思政课育人模式以及育人场所，难以达成思想政治教育多元化元素的系统耦合。长此以往，将会致使高校思政课与专业课教学产生断层，甚至在"大思政课"的格局之下，出现专业课教育仅注重专业技能培育而舍弃思想政治教育的"孤岛效应"。高校思想政治教育与社会实践的结合需要紧随国家对于高校思政未来发展的战略安排，不断完善和健全高校思想政治教育整体架构。首先，在课程设置方面，要完善高校思政的教学方式。为改变传统的专业课教学方式主要侧重于课堂上的知识教学的教学方式，需要不断探索创新实践教学模式，在进行第一课堂、第二课堂的教学过程中融入社会中的"第三课堂"，例如通过校友走访、社会实习等方式使学生在社会实践中拓展知识，增长才干。其次，需要在专业课社会实践教育过程中融入思想政治教育元素。在社会实践教育的师资安排上要实现"双师型"队伍建设，从而在社会实践教学过程中更加合理有效地将理论与实践结合，实现"大思政课"背景下高校思政课程与课程思政之间

---

① 中共中央 国务院印发《关于加强和改进新形势下高校思想政治工作的意见》［N］. 人民日报，2017-02-28（1）.

的学科融合与资源优化。

二、问题聚焦：解决"高校思政+社会实践"协同育人的教学难题

问题是时代所发出的声音。迈入新时代，社会实践教育已然成为思想政治教育的关键环节。务必秉持问题导向，以问题为切入点，化解传统高校思政建设所衍生的诸如实践模式、课程融合、成果评价等相关问题，持续推动社会实践教育向多元化发展，促使思政课与专业课协同育人，实现实践成果检验的标准化，让社会实践教育转变为专业化、多元化的新时代思政实践教学课程。

（一）推进"大思政课"社会实践教育模式多元化发展

高校社会实践教育多元化的教育形式是大思政格局下思想政治教育模式的有力补充，有助于扭转当下高校社会实践教育的单一局面，促进大学生社会能力的进一步形成。从高校思想政治教育的创新发展历程着眼，思想政治教育的组织架构及教育形式已发生显著变革，在引入社会实践教育方面亦迈出关键步伐。然而，当前高校的思政教学模式差异性不大，未能依据教学特点及专业特色构建独具特色的社会实践教育模式，致使当下社会实践教育依旧受限于参观访问、现场教学等单一的教学设计与教学模式。故而，需基于"大思政"一体化这一国家思想政治教育的战略部署，聚焦社会实践教育方案简单化、模式单一化等问题，立足"高校思政+社会实践"协同育人的机制规划，达成高校思政与社会实践教育的融合发展。首先，要充分挖掘并理解思想政治教育资源。在进行思想政治教育社会实践过程中，不能仅仅停留在参观层面，而应深度挖掘社会实践资源的背景、发展和深层内涵，使学生提高对社会实践资源的认同感。例如，鲁东大学的志愿服务队在社会实践过程中积极践行红色精神，不断深挖并整理湖南当地红色资源，厘清湖南红色文化发展脉络，同时利用山东省爱国主义教育基地等优秀的红色教育资源建设社会实践教育基地，逐步打造社会实践特色品牌。其次，要利用本地资源加强学校与社会的合作。高校思想政治教育的最终目的是扎根社会、服务社会，鲁东大学在烟台住建局的倡办下，与红旗集团达成合作模式，在红旗集团建立"鲁东大学就业实习基地"，意图以校企合作的方式发挥高校人才培养的功能，让学生在社会实践教育的过程中更深刻地了解思想政治知识对于社会发展的现实意义，同时在讲社会实践知识运用于解决问题的过程中，提高学生的实践和应用能力。

（二）完善"大思政课"社会实践教育体系一体化育人

在"大思政课"格局之中开展社会实践教育，务必要明晰课程思政与思政课程的内在关联，达成在社会实践教育进程里，既注重大学生价值观的培育，又促使大学生获取充足的专业知识以及社会技能。在"大思政课"的构建背景之下，一部分高校的社会实践教学活动依旧侧重于专业课程领域，将专业知识的掌握设定为教学的重点与难点，然而对于专业课程里思想政治教育的相关部分却常常未予重视，乃至全然未曾将思想政治教育融入专业课的教学过程之中。实现"高校思政＋社会实践"的协同育人机制，就是要在社会实践教育框架架构的过程中正视思政课社会实践与专业课社会实践在立德树人方面的意义，将二者放置于社会实践教学的同等地位，立足于立德树人的根本任务和培养时代新人的根本目标，同向同行，突破传统社会实践课程设置的固化模式。鲁东大学在"大思政课"的建设背景下，立足教育部发布的《关于深化高校学生暑期社会实践活动的通知》并积极探索，开启新时代高校社会实践教育新模式。首先，在暑期社会实践教育导向不变的前提下，鲁东大学根据专业课社会实践与思政课社会实践的不同特点，开展以"学党史：追寻红色记忆，坚定理想信念""强基础：走进行业一线，反哺专业学习""办实事：走访基层建设，服务家乡发展"等不同主题的社会实践教育活动。同时依托新媒体实时性的特点，在社会实践教育的过程中分别由专业课与思政课教师通过线上教学平台对学生进行交互性技术培训与思想引领，使大学生在高校社会实践教育中知国情、长才干、稳立场、应时代。

（三）实现"大思政课"社会实践教育成果规范化评估

在"大思政课"背景下，高校社会实践教育评价机制的构建需以中国社会实践的整体评价理念为引领，对社会实践的目的、形式、内容、成果等诸多方面的因素予以统筹综合考量，搭建起以社会实践教学中的思想政治教育效果作为最终价值取向的规范化评价机制。在当前大多数高校的社会实践教学规划中，对社会实践成效的评价机制仍依照实践报告展开等级评定。凭借实践报告，诚然能够在一定程度上知悉学生的学习收获，进而大致掌握学生参与社会实践所达成的思想政治教育成果。然而就现实状况而言，社会实践的评价架构被简化成单一的书面报告形式，而社会实践教育的具体情形以及具有参考价值的过程性资料却遭到了选择性剔除。"那些没有被评价的内容似乎消失了，取而代之的是那些容易被评价的学习成果"①，这将直接导致对高校社会实践活动的思想政治教育实效性判断产生偏差。由此可见，在"大思政课"格局下如果要使"高校思政+社会实践"协同育人的教育实践取得现实成效，一个囊括社会实践参与主体、实践客体、形式方法和过程结构的标准化的社会实践教育成果评价机制不可或缺。

针对社会实践教学成果评价，鲁东大学实行"全程督导、多元评分、安全为基"的社会实践教育规范化评估机制。首先，在全程督导方面，例如鲁东大学将社会实践分为社会实践出发前对申报书的审核指导、社会实践过程中专业指导教师的远程督导、社会实践结束后与实践成员的交流评价三部分来对社会实践进行全过程的综合评价。其次，在多元评分方面，学生社会实践的最终成绩将通过专业课教师、思政课教师、实践接收单位、学生自评综合评价、平均计分，从而更加全面细致地了解社会实践教育成效。最后，在社会实践教育的总体考核中，不仅考察的是对学生的专业技术能力和思想政治水平，学生在社会实践中的安全合规行为也是评估的基础性因素，通过对社会实践过程进行安全评估，从而给学生进行一堂更加深刻的安全教育课程。

三、队伍建设：打造"高校思政+社会实践"协同育人的教学队伍

从"大思政课"的全因素来考量，"高校思政+社会实践"协同育人机制的建构离不开多主体的共同发力。高校、教师和社会各界需要同心同向、合作规划，共同打造高校思想政治教育的新型教学队伍，实现课堂理论学习与课外社会实践之间的"最后一公里"得到有效衔接，既培养思想道德素质，又提升社会实践能力，为思想政治教育贯穿于成长全过程提供全方位支撑。

（一）建立完备科学的社会实践管理队伍

在"大思政课"格局之中达成"高校思政"与"社会实践"的协同育人之目标，势必离不开一支完备且科学的高校社会实践教育管理协调团队。通过高校社会实践管理队伍建设，实现"建立有关部门各负其责、全社会协同配合的工作格局"②，能够更好地进行高校思想政治教育和社会实践教育之间关系协调与过程管理，使高校思政与社会实践从"离散"走向"归一"，进而提升社会实践教

---

① 贾瑜，辛涛．关注过程：落实综合素质评价育人目标的关键［J］．中国教育学刊，2023（12）：75-80．

② 习近平在中国人民大学考察时强调主持召开学校思想政治理论课教师座谈会强调：用新时代中国特色社会主义思想铸魂育人贯彻党的教育方针落实立德树人根本任务［N］．人民日报，2022-4-26（1）．

育教学水平。具体来说，需要建立两个层次地管理队伍着手社会实践教育管理工作：

首先，高校要加强社会实践教学的组织领导队伍。社会实践的领导组织队伍是社会实践管理队伍的核心，队伍内部要各司其职，形成社会实践组织管理各部门齐抓共管、同向同行的管理合力，确保社会实践教育安排正常有序开展。第一，需要学校党委以及各部门的领导人员和负责人形成社会实践教育工作的领导小组，由领导小组考察、研究社会实践发展新趋势，通过总体领导推动社会实践教育活动日日新。第二，需要权威思政课和专业课的教研人员制定并审查社会实践教学的各项规则标准。第三，需要财务处相关人员管理安排并审批社会实践教育的经费申报，防止出现财务滥用的行为。第四，需要学校教保处对社会实践教育的基地、教学资源等教学硬件设施进行考察、管理与维护，确保社会实践教学安全合理有效。其次，高校要建立社会实践教学日常管理队伍。社会实践教学活动的顺利开展离不开日常的管理，日常管理队伍要切实进行社会实践教学安排的日常管理工作，使社会实践日常管理程序科学运转，从而保证社会实践教学的规范化、安全化、常规化、标准化。第一，日常管理人员要合理安排社会实践教学的学分以及学时分配，明确社会实践教育在思想政治教育中所占地位，为日常社会实践指导教师的实践量核定、教学过程安排提供参考标准。第二，要完善补充社会实践教学的计划架构，做好社会实践活动的审批和管理工作，为社会实践教学活动的对象选择、资源管理以及成效评价提供参考依据。

（二）搭建专业高质量的社会实践师资队伍

社会实践指导教师是社会实践教育框架中的重要主体、关键因素，指导教师的综合素质直接影响着"大思政课"背景下社会实践教育的最终质量。"大思政课"视域下与高校思政耦合发展的社会实践教育是一项既要落实思想政治教育任务又要践行大学生专业理论知识的综合性、全面性的实践教育活动，要求教师同时具备扎实的思政理论知识与较强的思政实践能力[①]，因此，需要架构一支专业课与思政课交融贯通的，且专业高质量的社会实践师资队伍，实现专业课社会实践与思政课社会实践的多元耦合。首先，针对如何在"大思政课"格局下提高社会实践教育思政性的问题，高校要加强对社会实践指导教师的综合素质培训，

---

① 张莉，胡芝."大思政"视域下高校思想政治教育协同创新研究［J］. 学校党建与思想教育，2018（22）：30-32.

提高指导教师的政治素养与实践技能，要让信仰坚定、学识渊博、理论功底深厚的教师来讲，让学生真心喜爱、终身受益。① 高校教师也应主动自觉创新思维、严格要求、修正人格，不断学习汲取社会实践专业知识，更新社会实践观念，主动了解学生在社会实践中遇到的困难与问题，积极解答，努力成为学生社会实践活动中的"经师与人师"。其次，培育既拥有专业技能也掌握创新创业能力的"双师型"教师也是搭建专业高质量的高校社会实践师资队伍的重要方面。近年来，鲁东大学根据国家教育主管部门关于指导"双师型"教师建设的各项政策与意见不断推动"双师型"教师队伍建设，在社会实践平台和基地搭建方面以实践项目为载体，以"双师型"教育人才队伍建设为重点，为大学生创新创业提供新空间。

（三）吸引广泛多元的社会实践校外队伍

在"大思政课"的背景之下，高校思想政治教育与社会实践的协同育人属于一项繁杂的系统性工程。其不但需要学校以及指导教师的协同参与，而且还迫切需要校外社会实践指导队伍的主动且积极配合。"把思政小课堂同社会大课堂结合起来，教育引导学生立鸿鹄志，做奋斗者"②，形成校内校外协同开展高校思想政治教育的工作机制，克服思想政治教育与社会脱节的状况。因此，高校要做好社会实践教学总体规划工作，从"大思政课"的全局规划出发，协调学校与社会各界教育主体的关系，多方联动、统筹安排，形成全社会协同育人的常态化社会实践育人机制。来自企业和企业的管理人员，社科理论界的专家以及各行各业的先进人物是思想政治教育的重要补给力量，也是社会实践教育亟须吸纳的关键要素。他们既是思想政治教育的重要教育资源和典型范例，也是高校学生应该学习和模仿的对象。因此，可以根据不同社会实践教育活动主题吸纳不同领域的时代楷模、英雄榜样等践行习近平新时代中国特色社会主义思想的社会人才走上"高校思政＋社会实践"协同育人机制下的社会实践大讲台，让他们走进学生心中，唤醒学生的共情同感，在言传身教中提高学生的实践体验，在潜移默化下树立正确的人生目标。

---

① 习近平．思政课是落实立德树人根本任务的关键课程［M］．北京：人民出版社，2020.
② 习近平主持召开学校思想政治理论课教师座谈会强调：用新时代中国特色社会主义思想铸魂育人 贯彻党的教育方针落实立德树人根本任务［N］．人民日报，2019-03-19（1）.

四、内容整合：创新"高校思政+社会实践"协同育人的教学内容

在"大思政课"的背景之下，于"高校思政+社会实践"协同育人机制之中的社会实践教学内容，应当服务于高校思想政治的理论教学，并且在内容设定方面需更为着重强调针对性。具体而言：其一，需以马克思主义中国化的最新理论成果作为依托，深入剖析国情社情，以实现思想政治素养的提升；其二，要积极引入丰富多样且多元化的社会资源，令教学紧密契合生活实际，增强高校思政的吸引力；其三，要结合大学生的发展实际来安排教学内容，紧密贴合学生的成长历程，增进社会实践教育的现实成效。

（一）结合思政理论成果把握社会实践内容

"高校思政+社会实践"协同教育机制下的社会实践是理论性与实践性高度统一的社会实践，要注重社会实践的思政性、理论性，将科学理论贯穿于社会实践中，使科学理论教化与社会实践培养共同进行，发挥最大育人成效。"大思政课"格局下的高校社会实践教育的关键是做好思想政治教育工作，思想政治教育的首要内容就是马克思主义的立场、观点、方法。因此，在安排教学内容的过程中，要将讲好马克思主义理论放在首位，将马克思主义中国化的最新理论成果作为社会实践教育的内容要素之一，在社会实践教育的过程中引导学生切身实际地体悟马克思主义如何创立、如何发展以及马克思主义所具有的当代与现实价值。

第一，在思政课开展实践教学时，可以根据时间、地域的不同有选择地融入"党的百年之路""马克思主义经典文献"等思政内容，同时结合"观""写""评""演"等多种多样的实践形式，优化、完善、重构社会实践教育内容，培养学生从党的百年发展中奋发、昂扬。鲁东大学将党性教育与社会实践教育相结合，在青岛、聊城、烟台、威海等地均设立党性教育基地与思想政治教育基地，引导学生通过资料收集、实地探寻、数据收集、总结交流等方式接受革命精神洗礼。同时，为进一步挖掘、利用、传承好红色资源，鲁东大学在暑期社会实践活动结束后策划编排了《红色鲁东》这一情景党课，通过情景再现的方式，重现革命光辉历程，让学生在实践中弘扬革命精神、坚定理想信念。第二，在专业课实施实践教学的进程中，需着重将马克思主义理论观点予以融入。同时，对思政课社会实践教学方案加以浏览并借鉴，把国内外时局政情融入专业实践的问题解决环节。从学科自身属性出发，引领学生针对时局政情展开原因剖析，并致力于在专业知识内部探寻思政要素。例如，鲁东大学深入贯彻习近平总书记关于生态

保护的重要指示精神，将农业发展与思想政治教育相结合，在东营建立鲁东大学现代农业示范区，引导大学生在社会实践中既学习党的二十大精神与习近平总书记的系列讲话，也拓展现代农业知识，使高质量思想政治教育与高质量生态发展相融合，深入习近平新时代中国特色社会主义思想的教育实践走深走实。

（二）引入现实社会资源丰富社会实践内容

"大思政课" 总体格局下的思想政治教育内容安排需要紧靠实际、紧靠生活、紧靠社会，才能不断提升高校思想政治教育在学生心中的地位。高校思想政治教育框架下的教育理论知识大多晦涩难懂，但 "知识和经验犹如雄鹰之双翼，只有经风雨、见世面才能飞得更高，飞得更远"。① 因此，需要在高校思想政治教育教学安排中善用社会大课堂，自觉推动思想政治理论与实践相结合，将理论照进实践，与实践贯通，将社会实践教育成为增强思政课教学亲和力、吸引力的重要途径。

首先，在 "高校思政" 与 "社会实践" 协同育人的教学实践中要积极推行教学内容 "引进来"，把社会大课堂里鲜活的教育资源与教学素材引进日常高校思想政治教育教学过程中。高校要灵活运用社会生活中的榜样人物、热点事件，以激发受教育者的情感共鸣，同时借鉴新媒体技术使榜样的故事进行情景重现，以沉浸式的体验方式提升学校思想政治教育在受教育者心中的 "魅力指数"，并最终达到高校思想政治教育的教学目的。其次，在 "高校思政" 与 "社会实践" 协同育人的教学实践中要坚持贯彻教学方式 "走出去"，将社会实践融入高校思想政治教育中。只有在 "真实的社会生活中，学生能够实时体会社会主义先进文化的生机与活力，在承载中华优秀传统文化、革命文化和社会主义先进文化的展览场馆、实践基地、生产生活场所实景中长见识、增才干"。② 应积极筹划并推行多元化的社会实践教学活动，在志愿服务、社会调查等多种形式的实践活动中夯实理想之根基，促使学生于社会实践中拓宽视野、提升能力。例如，鲁东大学充分利用山东省大量的思想政治教育社会资源，深入贯彻落实国家对于挂牌建立高校思想政治教育实践基地的建议，积极与当地党政机关和企事业单位联系，在烟台和青岛等地建立了包括 "一战" 遗址博物馆、烟台监狱、东营市现代农业

① 中共中央党史和文献研究院，中央学习贯彻习近平新时代中国特色社会主义思想主题教育领导小组办公室. 习近平关于调查研究论述摘编 [M]. 北京：中央文献出版社，党建读物出版社，2023.

② 许瑞芳，张宜萱. 沉浸式 "大思政课" 的价值意蕴及建构理路 [J]. 思想理论教育导刊，2021（11）：83-88.

示范区等多个思想政治教育实践基地。

（三）匹配学生自身需求完善社会实践内容

学校思想政治教育以提升学生的思想品德修养为最终指向，"思想政治工作从根本上说是做人的工作，必须围绕学生、关照学生、服务学生"①，因此，社会实践课程的开展要关注学生需求，在内容安排上以学生需求为出发点。首先，需增强社会实践内容安排的针对性。依据高校思想政治理论教学中所呈现的学生思想道德水平以及政治认知状况，对社会实践内容予以完善和变更。在内容设计方面，应兼顾不同学层、不同学科的受教育者群体，以此提升社会实践教育的针对性，激发学生的学习兴趣。例如，南京大学创建的"三三制"的本科实践教学模式以及"五四三"的创新创业模式，对于不同培养阶段的学生的实践内容选择各有侧重，重点激发大学生实践兴趣，培养大学生社会实践基本素质，给大学生社会实践提供更有针对性的选择。其次，明确全面发展的教育逻辑重点。在社会实践内容安排中，不仅要关注学生的理论知识与专业技能掌握水平，还要重视对学生综合素质的培养。例如，鲁东大学教育科学学院在社会实践教学的过程中以塑造德智体美劳全面发展的社会主义建设者和接班人为目标积极调整社会实践内容，坚持"五力合育"，即培养学生具备师范从业能力、深造考研的学术能力、灵活就业的实践能力、自主创新的创业能力、"心理+交叉学科"的双专业能力等复合型能力②，力求大学生在社会实践教育中所掌握的知识与能力与未来行业与社会的要求相契合。最后，在社会实践教学进行的过程中，高校要不断根据社会实践具体环节推进和目标要求调整社会实践内容。例如，北京大学设立思政实践平台为学生提供思想政治社会实践的线上立项、申报、管理渠道，通过该平台，社会实践指导教师也可以在社会实践中全面了解实践情况，及时发现大学生在社会实践教学过程中所产生的各种变化并以学生的需求为先提供社会实践内容的调整与把握，让它始终围绕着实践教学的目的展开，从而为提高实践教学质量提供强有力的支撑，以便使社会实践教育进行得更顺畅。

五、体系重塑：构建"高校思政+社会实践"协同育人的实践生态

"大思政课"的建设，不单要着眼于外部环境及资源的构筑，还需着重于内

---

① 中央文献研究室.习近平谈治国理政（第2卷）[M].北京：外文出版社，2017：377.

② 孟维杰，吕晓峰，邵华."五力"合育创新地方高校心理学专业（师范类）复合型人才培养模式——以鲁东大学教育科学学院为例[J].阴山学刊，2023，36（6）：94-98.

部环境的营造，关注人的精神诉求与心理动态，依托科学且合理的体系机制，从全局和根源层面切实化解现实中存在的内外部繁杂问题，实现校内资源和社会资源的有效整合。由此，必须发挥"大思政课"背景下由社会与学校共同构建的思政教育协同育人的生态的整体性效能。基于此，充分发挥协同育人的功能，构建具备科学性、系统性的教育教学新生态，不但有助于教学环境的优化，明晰相关部门的主体责任，而且有助于从内部建设维度关怀教育者的精神需求。

生态，是一定环境条件下各要素客观状态和主观状态的总称。基于教育生态学的理论，教育的体系构建应关注教育活动本身与周围环境相互作用的规律和机理，不仅需要在宏观上把握教育与自然生态、社会生态的相互影响作用，还要从微观上把握教育教学活动和受教育者身心状况的相互影响作用。通过建立科学的生态体系，实现各要素在功能上的协调互补，使各生态要素之间建立联系，打造"大思政课"协同育人的生态系统，实现多种要素相互作用的动态平衡，在不断调整平衡状态中为生态系统的效率和收益的提高提供有力支撑。鉴于此，应当依据思政课教育教学的客观规律以及社会发展的形势特征，借助教育生态学的相关理论来构建融合"信息+体验+场景"于一体的"大思政课"生态体系，以提升新时代思政教育的整体格局。

第一，精准分析和处理来自多个领域和多种渠道的思想政治教育数据信息，以实现思想政治教育信息在不同部门和群体之间的实时共享，以便思想政治教育者共同制定方案，共同开展行动。因此，运用好最新兴技术的相关功能，实现思政信息的科技化评价、获取和共享，通过新科学技术赋能，将人工智能、生物基因技术有效融入思想政治教育社会化的整体建设进程，实现校内与校外思想政治教育信息和数据获取及分析的最优化，激发社会发展潜能和思政教育科技化潜能的相互激发与促进，共同融入"大思政课"建设的有效路径。

第二，重视"大思政课"建设中个人获得真实性体验的社会存在基础。在"大思政课"的整体建设中，由多方资源和主体共同建立立体化社会，为人与环境互动提供充分的条件，使人在"大思政课"建设整体生态环境中获得真切的实践和学习感悟。因此，为了便于更加有效地增强个人在"大思政课"建设中的获得感，必须满足个人在社会生态中获得体验的真实互动条件，通过科学技术将个人的现实需求结合到复杂多变的社会生态环境中，将社会发展、思政教育和个人自我认知相结合之后将整体性潜能进一步发挥出来。

第三，构建互联网、社会、学校相互衔接和协同统一的立体育人场景。场景，即情境和场面，多用于艺术作品的相关领域中，在"大思政课"建设的语境中主要凸显的是思想政治教育各要素在相互关系作用和发生机理中所处的全息环境。为了给"大思政课"社会实践教学策略的施行及活动的开展提供科学合理的情境，应当构建全方位、多层次、多形态的"大思政课"社会实践教学支撑场景，挖掘涵盖社会、学校、学院、教师、校友等各类资源，促使专业课教师、思政课教师、辅导员、行政管理人员、社会教育工作者能够以更具成效的方式协同合作；通过"大思政课"营造的整体氛围以及搭建的平台环境，将新时代思想政治教育要素目标融入社会实践活动的每个环节，把思想政治教育者的专业应用能力与挖掘思政课社会实践的育人功能加以衔接，进而共同为社会实践教学与学校理论教育教学的融合搭建重要平台。

另外，进一步完善思政教育社会实践教学条件、健全思政教育社会实践教学管理规范和思政教育社会实践教学质量评价制度。习近平在学校思想政治理论课教师座谈会上讲话指出："各级党委要把思政课建设摆上重要议程，抓住制约思政课建设的突出问题，在工作格局、队伍建设、支持保障等方面采取有效措施。"构建"大思政课"以《高等学校思想政治理论课建设标准》为蓝本，聘请校外专家调研高校思想政治教育情况，吸取成功经验，精准及时地解决短板问题，制定科学完善的考核标准。

从党组织建设的角度来讲，校党委的统一领导保障作用，一是角色定位，明确责任主体。明确培养堪当民族复兴伟业的时代新人，立德树人，爱党爱国，为社会主义现代化奋斗的教育目标。二是统筹规划，发挥好年级党支部、导师组的积极作用，从关注班级的党小组建设，具体层面推进"大思政课"的落实情况，建立协同育人的组织保障体系。三是工作安排，将"大思政课"建设纳入重要工作日程。

高校党委应切实把"大思政课"育人新格局的主导权牢牢地掌握在自己手中，不断强化主体责任，将"大思政课"育人新格局的建设置于优先的位置上，把"大思政课"建设作为今后推动思政课高质量发展的重要抓手，坚持课程思政和思政课程同向同行，以高校教育为主阵地发挥校内外多元思政元素协同育人的功能和作用。对学校重大思想政治教育工作亲自把关、重大问题亲自协调；不断强化政治责任意识，在主持学校科研教学以及行政管理工作中体现思想政治教育工作的连贯性；定期调研走访学校马克思主义学院。

总体而言，通过科学的体系构建，将思政课理论形态和实践形态进行有机融合，并在生动的现实环境中融入人的切身感受，需要发挥课程体系和工作体系的优势，将各部门、主体相同属性进行融合，赋予思政课教学更加丰富和全面的教育属性。

第三节 "大思政课"背景下"高校思政+社会实践" 协同育人的机制

机制的建立与完善是实现"大思政课"系统稳定运行的重要保障。从新时期持续提升"大思政课"建设有效性策略建构的角度而言，科学设计建立完善的协同育人机制，是促进高校和社会间建立制度化、常态化合作育人共同体的最终保障。同时，若从整体性的角度来考量，构建"大思政课"协同育人机制并不仅仅关涉思政课教学系统的某部分或者要素的机制构建，而是涉及教学主体与客体、教学内容、教学目标以及教学方法等多个关键要素与社会领域中与思政课教学有关的多个部门和要素。因此，在有效整合各教学要素和实践要素相互作用的资源合力的过程中，"大思政课"教学体系和机制得以建立。

从功能上看，"大思政课"机制的建设隶属国家社会发展建设的机制，是一种更加特殊化的教育活动。在建设"大思政课"的过程中，必须将其内容在多角度、全方面融入国家教育的各个环节、各个领域，力争在实践过程中教育出树立远大理想、忠于祖国和人民的"四有"好青年，持续激发对国家、对民族、对人民的深厚情感，努力成为青年之标杆、时代之英才，进而为中华民族的伟大复兴培育关键性的人力资源，并打下坚实的实践基础。只有将"大思政课"与中国特色社会主义紧密融合，并在总体设计和全局协调的基础上坚持推进，才能真正构建起一个协同育人的有机体系，并确保其持续的活力和效力。就像恩格斯所说的，"我们抓不住整体的联系，就会纠缠在一个接一个的矛盾之中"①，如果人们只是集中于思政课整体中某一个因素或者某一方面的因素，则往往会造成片面而零碎的分析判断的结果，造成系统机制建构出现顾此失彼的不完整缺陷。如果忽略了对系统中各个组成部分的顶层设计和整体规划，就不能实现系统的整体

①　马克思恩格斯全集（第 20 卷）［M］. 北京：人民出版社，1971：506.

优势，即整体的价值超过各部分单纯相加的效果，甚至可能会削弱"大思政课"原有的基本教育功能。

因此，从组织、管理、运行、保障、评价等多个角度着手，共同建构"大思政课"背景下"高校思政+社会实践"协同育人机制的整体结构，更好地实现"大思政课"协同育人在的思想性、价值性、生活性，政治性等方面突出的层次性特征。"大思政课"相关机制的建立，需要以整体性思维，从系统性、层次性的角度来审视一系列相关问题，不仅能以片面的视角审视思政课建设的某一方面，更应当将"大思政课"视为一个有机整体，要注重不同环节的协同与配合，形成一个相互促进、相互支撑的良好生态。

一、组织机制

构建"大思政课"的系统框架并非相互独立部分的简单叠加与组合，而是应该形成一个各要素有机互联的整体。如果仅是将各个要素进行简单的叠加，那么这样的结构并不能真正代表一个完善的"大思政课"系统。组成这个系统的各部分排序组合要秉持着科学合理的原则，正是内部各组成部分的"耦合"产生了系统演化的动力。在这种动力的驱使下，"大思政课"各部分教学要素确立教学目标和内容，对系统内部的各种结构进行合理排序组合。在教学目标的影响下，教学方法内容方法的选择和教学主客体的行为在教学系统中合理运行。系统结构中的教学主体即"大思政课"中教师这一角色至关重要，承担着在把握教育目标的前提下选择教育内容的重要责任，它关乎着教育客体的学习热情如何调动、学习需求如何满足、理论视野如何丰富等重要问题。这也意味着，在选择教育内容时，我们需要拥有更加宽广的视野，探索更为开放的领域。不仅要在宽度和深度上覆盖政治、经济、文化、社会以及生态等各个层面，同时也要实现政治理念与学术探究的融合，以及科学原理与现实应用的结合。除此之外，教育主体需要结合教育目标、教育客体、教育内容的实际情况在特定的实践环境中选择对应的合适的教学方法，不仅把思政课与新的网络媒介相结合，以新的网络空间为思政课持续地扩大发展的空间，还要与社会空间相结合，以社会实践这个大平台不断地给思政课程注入生命力。总而言之，思政课系统建设的有效开展，离不开内部各要素的步调一致、相互协同，最终达到同频共振的育人效果。

构建"大思政课""高校思政+社会实践"协同育人工作体系，其核心要点在于从顶层设计层面凭借有序且有效的科学组织机制，对各主体及要素间的协同责任与分工予以妥善协调。唯有如此，方可实现理论教学与实践教学的有机融合，于实践活动中获取理想成效，确保在既有师资条件及外部设施保障的情况下，使思政课教学协同育人的效果臻于最优。故而，于社会连接学校的协同链条之中，明确组织管理的发起者并最大限度地激活所有参与主体，明确"大思政课"的组织主体为自上而下的各级党委和部门，需要进行自上而下的统筹，以协调好教师与学生的关系。不仅如此，在学校层面，诸多学校组织学生投身于志愿服务、社区服务等社会活动，并且同步实施勤工俭学项目、专业实习以及社会调研等实践性质的项目。由此，有必要积极探寻创设出一种管理架构，凭借此架构推动负责思想政治课程的相关部门合作，整合由不同部门主导的社会实践项目，并将这些项目有序融入思想政治课的实践教学活动之中，保证这些活动能够有序、高效且持续地开展。这便迫切地需要确保思想政治课程的教学部门与上述各部门构建起紧密的合作关系。负责思想政治课的教师应当得到鼓励乃至要求，踊跃参与这些部门组织的学生社会实践。同时，应有意识地将参与的实践活动融入思想政治课的教学进程当中，使这些社会实践活动成为思想政治课实践教学的重要环节。为达成这一目标，有必要组建一个涵盖各相关部门负责人和专家的大学生社会实践指导小组，由学校党委书记或负责相关工作的副书记出任组长。如此组织机构将为思想政治课的社会实践活动给予必要的组织支撑，并保障这些活动实现制度化、常态化以及可持续发展，此乃部分院校成功实践的经验所在。

二、管理机制

科学的管理制度之构建，有助于"大思政课"达成规范化的过程管理，于制度效能向管理效能的转换进程中增进理论教学与实践教学的统一。相比起理论教学，思政课的社会实践教学所牵涉的人员、资源及环境等要素更为多元，务必要通过有效的协同管理来保障各教学环节的高效运转。故而，"大思政课"社会实践教学的有序且有效的推行，必然要依靠以学校和社会相关部门作为责任主体的规范管理机制。当下党和国家有关思政课教学改革的文件，站在政策管理的视角针对社会实践的课程目标、课程设置、教学计划以及教学大纲等各个环节予以详尽规划与部署，从而为过程性管理提供支撑依据。"大思政课"的管理制度之确立，应当依据党和国家的相关政策文件以及"大思政课"建设的总体方案，并结合各学校的客观实际构建。

首先，在管理制度的改进方面。应当依照社会实践教学的教学条件及实践经验持续改进和优化，保证相关制度得以切实施行，及时察觉并处理表面化、形式化的相关问题。其次，在管理思维的转变方面。要与课堂教学的众多局限性加以区别，以化解课堂教学因规模较大而导致的个体获得感不足、教学方式不够直观等难题。运用社会实践教学，能够有规划地分批次、分时间段与分地点来开展，最终更有效地达成教学目标，提升受教育者的获得感。最后，在管理方式的优化方面。借由实践教学有序协调各类公共课的课程安排，并依据知识体系加以优化和安排。这有利于引领更多的教师与学生投身教学实践体验当中，共同营造教育场景，建立学习共同体。学院和学校的有关职能部门，需与教育部门达成协调一致，合理构建实习基地，共同商讨实习就业的相关事宜，拟定协议，共同确立实践相关的管理办法。整体而言，经由有效的组织管理体系建设，可以推动"大思政课"教学实践的良好运行，强化社会与学校的协作，克服单一部门教育个体能力的局限性。

三、运行机制

运行机制是一套在实际操作中发挥作用的系统和程序，它涵盖了一系列确保组织、项目或设备得以顺利运作的规则、步骤和流程。这些规则和步骤通常被设计来指导和管理日常活动，确保目标的达成，同时处理各种操作中出现的情况。一个高效的运行机制通常需具备明晰的指令、清晰的角色分配、协调统一的合作，以及完善的监督和反馈环节，从而能够持续优化并调适操作流程。在"大思政课"的实践教学实际推进过程中，择取切实可行且富有成效的运行机制显得极为关键。具体来说，"大思政课"的运行机制包含着确定具体的实践活动类型、负责或主导活动的管理者和教师群体、参与实践活动的学生群体、实践的具体时间、地点和方式。进一步细化还包括安排交通出行、提供所需资金支持，以及解决食宿等后勤保障问题。一些在思想政治课实践教学方面表现突出的高等教育机构，在教学过程中逐渐探索并形成了若干较为高效的运作模式，包括实践形式、实践活动和实践教学等。

在实践形式上，采用灵活多样的实践活动方式，将全体学生的自主实践与特定项目的集体实践相融合，同时利用特定的实践方案来指导实践活动的进行。鼓励学生根据个人兴趣自行开展社会实践、志愿服务等活动，以增强其社会责任感；与此同时，围绕国家发展及社会热点策划诸如乡村振兴调研、红色文化传承等大型集体实践项目，强化团队协作能力与集体智慧。并辅以精心精准设计的实践方案,保证活动目标清晰明确、步骤条理分明,引导学生在实践过程中深度理解理论,切实达成理论与实践的有机融合。在实践活动上,利用本地的教育资源来丰富实践活动的内容,并开展一系列多样化的社会实践活动,还可以结合教材相关内容开展有针对性的实践活动等。① 充分整合并利用本地的教育资源,诸如历史文化遗址、科技创新园区等,为实践活动融入地域独有的特色以及深厚的文化底蕴。与此同时,精心策划多元化的社会实践活动,例如社区服务、环保行动之类,促使学生在亲身经历和体验的过程中拓展见识、锤炼自身能力。另外,紧密围绕教材内容,规划具备针对性的实践项目,像模拟法庭、职业体验等,令学生在实践操作中加深对理论知识的领会与运用,推动知识与实践达成深度融合。在"大思政课"实践教学上,要始终坚持思政课的总要求,依据不同年级大学生的特征,筛选适合的教学内容并采用多样化的教学方法,构建相应的运作体系,逐步有序地推进实践教学工作。对于刚入学的一年级新生,可以重点安排军事政治训练和勤工俭学,同时激励他们在周末和假期参与附近的社区志愿服务;对于二年级学生,适合开展社会考察和调研活动,帮助他们更好地了解社会和国家的现状;而三年级学生可以通过社会服务项目如"三下乡""四进社区"和各种帮扶工作进行社会实践,或者结合专业所学利用实习期间有目的地开展劳动锻炼;四年级的学生可以将实习期间的社会活动经验结合毕业论文和毕业设计进行研究;研究生群体则可选择将专业性技能和知识融入社会实践和科技创新作为课题展开研究。一旦这样的机制建立,内容和方式就得以明确,也就确保了实践教学活动的持续性和有效性。

四、保障机制

"大思政课"社会实践教学的顺利施行,离不开一系列行之有效的保障举措,涵盖组织保障、师资保障、经费保障以及安全保障等方面。

首先,建立一个有效的组织保障机制是确保实践教学顺利进行的关键。教务部门作为教学管理的核心,需要设定相应的学时和学分标准以达到国家对思想政治教育的总体计划和要求。而教学单位负责具体策划包括设计教学方案、确定实践活动的内容和方式的社会实践教学,并且需要负责具体的教学组织、指导和评

---

① 河北科技大学课题组. 高校思想政治理论课社会实践教学环节研究与实践 [J]. 思想理论教育导刊, 2008 (5): 80-83.

估工作。学生事务部门和团委则在配合思政课教学单位方面发挥作用,协助完成实践教学活动的实施工作,确保实践教学的有效执行。通过这样的分工合作,可以建立起一个每个部门各司其职,协同管理的高效组织和管理机制。其次,为了确保"思政课"实践教学的持续和有效进行,必须建立健全的师资保障体系,这包括提高教师质量和确保教师数量两个关键方面。在教师质量方面,必须加强"思政课"教师的综合素养培养,包括思想道德、教学技能和理论知识等,以提升他们的专业能力。教师不仅需要具备深厚的理论功底和高尚的道德品质,还要擅长教育和指导学生参与社会实践,有效地实施思想政治教育。在教师数量方面,构建一个规模充足的教师团队是必要的。由于社会实践活动通常较为分散,实践地点待考察,这使得原有的"思政课"教师数量可能出现不足的问题。为此,解决方案之一是建立一支由专职教师和兼职教师组成的社会实践指导团队。除了动员校内党政干部和辅导员参与实践教学,还应有意识地在各个实践基地内部培育和选拔合适的指导老师,从而确保教学方案正常和长期地执行。再次,为确保社会实践教学顺畅进行,学校需提供持续的财务支持,在制度化安排下将所需资金纳入年度教育预算中,这是确保"思政课"社会实践教学可持续发展的根基。各高校可依据自身条件选择适当的资金管理模式,无论是实行固定的经费预算制度还是灵活调整的经费机制,关键是要确保所有学生参与的社会实践活动能得到充足的资金保障。目前,一些高校正在创建一种双方受益、互利共赢的资金运作模式。这种做法不仅促进了学校和社会的共同参与,而且长远看有助于实现从主要依赖学校投资向学校与社会共同出资,乃至最终以社会资金为主的资金结构转变。最后,为使社会实践教学能够持续且常态化,建立实践基地显得尤为关键。一个主要障碍是许多高校缺乏专门的"思政课"社会实践基地,尽管这些高校可能已经拥有专业实习基地并重视其建设。没有稳固的实践基地,社会实践教学难以成为常规和持久的活动,这将限制实践活动的内容和形式,增加成本和难度,进而影响教学质量和效果。为了解决这个问题,一些高校本着服务地方发展的方针,通过各种资源互联互通,以互利合作的方式赢得社会各领域的支持与协作。通过这种合作模式,既能增强学生的实践机会,也能建立一批高校大学生社会实践基地,为社会带来积极的贡献。① 上述做法具有较强的可借鉴性。

---

① 河北科技大学课题组. 高校思想政治理论课社会实践教学环节研究与实践 [J]. 思想理论教育导刊, 2008 (5): 80-83.

五、评价机制

建立科学的评价机制是衡量"大思政课"社会实践教学多种资源是否有效整合，以及实施进程中各环节是否合理的重要保障，有利于在实践教学的动态过程中及时发现问题，并进行积极整改。"大思政课"背景下高校社会实践教学的评价机制主要涵盖评价内容和评价方法两个核心方面，不仅包括对组织管理部门、指导教师团队、参与学生个人的相关评价，还包括对教学理念和认知、教学资源和保障措施，以及教学计划、教学内容、教学目的、教学方法、教学过程和教学结果等多个教学核心要素的有效评价，全面和系统地涵盖社会实践教学实施的各层面、各环节和多种相关要素。

在上述诸内容中，对于教学成效的评估极具关键性，同时也面临着诸多挑战。其缘由是"思政课"社会实践的核心要义在于对学生开展思想政治教育，最为显著的成效理应体现在学生的世界观、人生观、价值观以及与之相应的行为模式方面所产生的积极转变。不过，此类变化通常难以进行精准的度量，并且往往不会在短期内凸显。故而，评价体系不应局限于教师与学生的实践报告及总结，而应当更为全面且深入。另一个评价机制的重点则更为深入，不仅包括学校和管理部门为实践教学所提供的必要条件，还涉及对思政课教学过程的教育评估，指导教师把握课堂的各方面能力和组织实践活动的效率等。在评价方式上，要在总体上把握"思政课"课程改革是高校思政课建设和教学建设的重要内容这一指导原则，[①] 明确谁评价、评价谁、怎么评价和评价的时间地点等核心问题，根据"大思政课"实践教学的基本目标——思想政治教育以及其基本特征来制定评价标准，从而实现教学过程中各要素的相互作用和各个环节严格执行的良好效果。因此，在具体实践过程中评价指标应主要针对这些关键要素和阶段，并在构建评价体系时充分考虑这一点。除此之外，在评价主体上，应该由负责组织管理教学活动的常设部门执行教学活动以保障实践教学的长期效果。并且，评价的科学性也离不开从评价的时间、地点和信息中把握具体的有效数据。应当结合实时评价与延时评价，既包括对过程的评估也包括对结果的评估，同时融合现场评价与异地评价。

---

① 徐家林. 长效机制建设：高校"思政课"社会实践教学的可持续性和常态化探讨 [J]. 湖北社会科学，2013，324（12）：201-203.

创新机制对于保障系统的稳定及健康发展具有支撑性效能，恰似生物体中的骨架所发挥的关键作用。站在社会运作的视角审视，"大思政课"能够被当作一个处于持续发展演变状态的系统性工程。为推动其朝着良好的态势发展，务必要满足一系列的条件，而这些条件具体表现为立足于社会运行的支持与保障机制。若要达成"大思政课"建设的深度推进，就必须全方位剖析其运作条件，并清晰明确各项保障机制，唯有如此，方可攻克建设进程中可能遭遇的阻碍。

综上所述，社会大课堂在高校大学生思想政治教育的培养过程中占据重要环节，应当凭借科学的评价机制，利用现代科技手段，并借助大数据的分析与判断，持续且稳定地予以推进。要使社会实践教学长期化、常态化地开展，就需提高对"高校思政＋社会实践"重要性的认知，不但要设定明晰的教学目标，而且要在理论基础之上强化针对所有相关环节的整个教学过程的长效评价体系的构建。

结　语

　　若青年兴旺，则国家昌盛；若青年强健，则国家强大。高校思政课是实现立德树人的重要环节，肩负着对青少年进行细致引导、精心培育的历史重任。首先，"大思政课"应当承担"大担当"，以"国之大者"的胸怀落实立德树人的历史使命、培养堪当复兴大任的时代新人。致力于通过深入讲授理论课程，拓宽学生的知识领域，提升他们对各学科的理解和掌握。其次，紧跟时代脉搏，开设与时事紧密相连的课程，激发学生的思考，提高他们的思想层次和洞察力。再次，通过设置实践性强的课程，增强学生将知识应用于实际的能力，提升其行动的效率和实效性。最后，激励学生确立宏大的人生志向，深刻认识高尚品德的关键意义，致力于将他们培育为才华出众的人才，并鼓舞学生果敢地承担起社会责任。借由这些教育举措推动大学生自由且全方位的发展，让教育内容全面覆盖并贯穿德育、智育、体育、美育以及劳育等所有领域，最终将大学生塑造为具备强大能力的社会主义事业建设者与未来的引领者。

　　总的来说，在"大思政课"背景下建立学校思政与社会实践的协同育人机制是一项需要从多渠道、深层次、多角度出发去规划并落实的系统性工程。因此，高校需要与社会各方面力量密切合作，使学校思政与社会实践真正实现融会贯通、同向同行。习近平指出："思政课不仅应该在课堂上讲，也应该在社会生活中来讲"，这是对高校思想政治教育所提出的教学要求，高校要以此为指示，在思想政治教育实践中密切联系并动员思想政治教育的多元主体，做到历史联系现实、理论结合实际、学校协同社会、课内结合课外，协同打造高校与家庭、社会协力同心的高校思想政治教育新态势。此外，在"大思政课"背景下贯彻好学校思政与社会实践的协同育人不是一项一劳永逸的工作，必须紧跟时代、不断发展、不断创新，时刻牢记高校思想政治教育在"大思政课"战略全局中的课程定位，做到教学安排与时俱进、因势而新，将学校思政与社会实践的协同育人机制落实落深落细，真正使思政课成为重现百年辉煌的历史之课，展现中国奇迹的实践之课，诠释中国治理的理论之课。

参考文献

一、著作

[1] 马克思恩格斯选集（第1-4卷）[M]．北京：人民出版社，2012.

[2] 马克思恩格斯文集（第1-2卷）[M]．北京：人民出版社，2009.

[3] 列宁选集（第1-4卷）[M]．北京：人民出版社，2012.

[4] 毛泽东选集（第1-4卷）[M]．北京：人民出版社，1991.

[5] 邓小平文选（第1-2卷）[M]．北京：人民出版社，1994.

[6] 江泽民文选（第1-3卷）[M]．北京：人民出版社，2006.

[7] 习近平谈治国理政[M]．北京：外文出版社，2014.

[8] 习近平谈治国理政（第3卷）[M]．北京：外文出版社，2020.

[9] 中共中央宣传部．习近平新时代中国特色社会主义思想学习纲要[M]．北京：学习出版社，2019.

[10] 中共中央宣传部．习近平新时代中国特色社会主义思想三十讲[M]．北京：学习出版社，2018.

[11] 习近平．决胜全面建成小康社会 夺取新时代中国特色社会主义伟大胜利——在中国共产党第十九次全国代表大会上的报告[M]．北京：人民出版社，2017.

[12] 教育部社会科学司．普通高校思想政治理论课文献选编（1949-2008）[M]．北京：中国人民大学出版社，2008.

[13] 教育部思想政治工作司．加强和改进大学生思想政治教育重要文献选编（1978-2014）[M]．北京：知识产权出版社，2015.

[14] 段忠桥．建国以来普通高校马克思主义理论课和思想品德课课程设置及教学内容历史沿革资料汇编（上、下编）[M]．北京：高等教育出版社，2004.

[15] 关于深化新时代学校思想政治理论课改革创新的若干意见[M]．北京：人民出版社，2019.

[16] 课程教材研究所．20世纪中国中小学思想品德课程标准·教学大纲汇编：课程（教学）计划卷[M]．北京：人民教育出版社，1999.

[17] 郑永廷．思想政治教育学原理[M]．北京：高等教育出版社，2018.

[18] 陈万柏，张耀灿．思想政治教育学原理[M]．北京：高等教育出版社，2007.

[19] 张耀灿．中国共产党思想政治教育史论[M]．北京：高等教育出版社，2020.

［20］张澎军．思想政治教育理论基础纵横［M］．北京：人民出版社，2016.

［21］张澎军．思想政治教育理论前沿略论［M］．北京：人民出版社，2015.

［22］王立仁．学生思想政治教育论纲［M］．北京：中国社会科学出版社，2015.

［23］王立仁．问题与对策：大学生活进行时［M］．长春：吉林人民出版社，2008.

［24］王瑞荪．比较思想政治教育学［M］．北京：高等教育出版社，2001.

［25］熊建生．思想政治教育内容结构论［M］．北京：中国社会科学出版社，2012.

［26］易连云．德育课程论：理念与文化［M］．北京：人民教育出版社，2011.

［27］佘双好．现代德育课程论［M］．北京：中国社会科学出版社，2003.

［28］骆郁廷．高校思想政治理论课程论［M］．武汉：武汉大学出版社，2006.

［29］郭凤志．高校思想政治理论课程建设研究［M］．北京：北京师范大学出版社，2019.

［30］徐锋．新中国大学生思想政治教育研究［M］．北京：人民出版社，2013.

［31］孙秀芳．新中国高校思想政治理论课程体系演进研究［M］．合肥：合肥工业大学出版社，2015.

［32］郑敬斌．学生思想政治教育内容体系整体建构研究［M］．长春：吉林人民出版社，2013.

［33］土兰垣．新时期思想政治教育内容体系［M］．天津：天津人民出版社，1990.

［34］孙雁．高校思想政治教育内容新论［M］．长春：吉林大学出版社，2009.

［35］倪愫襄．高校思想政治理论课的国际视野［M］．北京：中国社会科学出版社，2013.

［36］高德胜，章乐，唐燕．接上童气：小学《道德与法治》统编教材研究［M］．北京：人民教育出版社，2019.

［37］于晓溪，郭洋．新课程与中小学心理发展教育［M］．大连：辽宁师范

大学出版社，2012.

[38] 钟守权．传承与法发展：道德与法治课程教学初论 [M]．广州：广东高等教育出版社，2018.

[39] 詹万生．整体构建德育体系引论 [M]．北京：教育科学出版社，2001.

[40] 詹万生．整体构建德育体系实验报告集 [M]．北京：教育科学出版社，2001.

[41] 鞠忠美．大中小学德育衔接工作创新研究 [M]．北京：中国书籍出版社，2015.

[42] 黄蓉生等．改革开放 30 年大学生思想政治教育论 [M]．北京：中国社会科学出版社，2012.

[43] 冷天玖．高校思想政治教育整体优化与创新机制探索 [M]．北京：中国水利水电出版社，2015.

[44] 吴潜涛等．中国精神教育读本 [M]．北京：人民出版社，2014.

[45] 林崇德．教育与心理发展：教育为的是学生发展 [M]．北京：北京师范大学出版社，2013.

[46] 孙来斌．民族精神时代精神共同理想：中国特色社会主义共同理想 [M]．武汉：武汉大学出版社，2014.

[47] 周湘莲．中国共产党思想政治教育内容体系的发展与构建 [M]．长沙：中南大学出版社，2016.

[48] 刘建军．马克思主义基本原理与当代中国思想政治教育专题研究 [M]．北京：中国人民大学出版社，2015.

[49] 沈壮海．思想政治教育有效性研究 [M]．武汉：武汉大学出版社，2016.

[50] 张志勇，赵福庆．中小学德育一体化原理 [M]．济南：山东教育出版社，2019.

[51] 翟南，薛晓阳．小学思想品德课程 60 年 [M]．南京：江苏大学出版社，2011.

[52] 张志建．中学思想政治课发展史 [M]．北京：北京师范大学出版社，1994.

[53] 石云霞．高校思想政治理论课程建设史研究 [M]．武汉：武汉大学出

版社，2006.

　　[54] 鲁洁，王逢贤. 德育新论 [M]. 南京：江苏教育出版社，2002.

　　[55] 牛凤燕. 全媒体时代马克思主义传播机制优化研究 [M]. 北京：中国社会科学出版社，2022.

二、论文

　　[1] 杨威，管金潞. 论大中小学思想政治理论课一体化的课程目标体系 [J]. 思想理论教育，2021（9）：69-75.

　　[2] 许瑞芳，张宜萱. 大中小学思想政治理论课一体化建设现状调研与对策分析——基于上海市的数据 [J]. 思想理论教育，2021（7）：60-65.

　　[3] 石书臣，曾令辉. 推进新时代大中小学思想政治理论课一体化建设 [J]. 思想理论教育，2021（6）：19-25.

　　[4] 孔川. 大中小学思想政治理论课课程内容一体化的历史演进与政策流变 [J]. 思想政治课研究，2021（2）：142-150.

　　[5] 宋学勤，罗丁紫. 论"四史"教育融入大中小学思想政治理论课一体化建设 [J]. 思想教育研究，2021（3）：73-79.

　　[6] 刘先春，佟玲. 新时代大中小学思想政治理论课教师队伍一体化建设的若干思考 [J]. 马克思主义理论学科研究，2021，7（3）：109-115.

　　[7] 卢黎歌，耶旭妍，王世娟，李梁，刘翔宇，万美容，陈迪明，隋牧蓉，张康军，訾艳阳. 统筹推进大中小学思政课一体化建设研究——学习习近平总书记在学校思想政治理论课教师座谈会上的重要讲话精神笔谈 [J]. 北京工业大学学报（社会科学版），2020，20（1）：9-12.

　　[8] 石向楠. 努力推动小学德育守正创新——大中小学思想政治理论课一体化建设的几点体会 [J]. 北京教育（德育），2020（9）：36-40.

　　[9] 霍军亮. 大中小学思想政治理论课教材内容体系一体化建设的原则遵循与路径 [J]. 中国高等教育，2020（17）：6-8.

　　[10] 吴宏政. 从知识增长到价值认同的逻辑进路——大中小学思政课一体化建设中的教育规律探寻 [J]. 学术论坛，2020，43（6）：106-111.

　　[11] 李英，李雪飞. 马克思主义信仰教育的整体性实现与学校思想政治理论课一体化建设 [J]. 高校马克思主义理论研究，2020，6（2）：103-109.

　　[12] 石书臣. 以问题导向推进大中小学思想政治理论课一体化建设的思考 [J]. 思想理论教育，2020（5）：24-29.

［13］陈丽微．学校思想政治理论课一体化建设的四个维度［J］．教育学术月刊，2020（4）：49-54.

［14］范树成，张博．大中小学思政课一体化下的高校思想政治理论课建设［J］．高校马克思主义理论研究，2020，6（1）：84-91.

［15］赵静．新时代统筹推进大中小学思想政治理论课一体化建设探析［J］．思想理论教育导刊，2020（3）：35-42.

［16］余华，涂雪莲．论大中小学思想政治理论课一体化建设的思维革新［J］．思想理论教育，2020（2）：68-72.

［17］王立仁，白和明．关于大中小学思想政治理论课课程内容一体化建设的构想［J］．思想理论教育，2019（11）：11-16.

［18］高国希．大中小学思想政治理论课一体化建设的思考［J］．思想理论教育，2019（5）：22-27.

［19］郑敬斌，李鑫．大中小学思想政治理论课一体化管理机制建设初探［J］．思想理论教育，2019（11）：23-28.

［20］雷德鹏，黄东桂，肖安宝．思想政治理论课与马克思主义理论学科一体化建设问题探究［J］．思想理论教育，2015（8）：68-71.

［21］孟宪生．推进思想政治理论课课前、课中、课后一体化的合力机制探究［J］．思想理论教育导刊，2014（5）：89-93.

［22］赵义良．浅析高校思想政治理论课教学内容一体化改革［J］．思想教育研究，2012（1）：72-74.

［23］吴宏政．思想政治理论课教材观的理论自觉［J］．思想理论教育，2021（6）：26-31.

［24］韩震．推进大中小学德育一体化进程的理念与思路［J］．中国高等教育，2020（17）：4-5.

［25］韩震．大中小学德育一体化思路下的德育教材体系建设［J］．教育研究，2020，41（3）：14-18.

［26］叶鑫．大中小学德育目标一体化的逻辑进路［J］．思想理论教育，2017（2）：58-62+100.

［27］王治东．统筹推进大中小学思政课一体化建设的三个维度［J］．中国高等教育，2020（1）：10-12.

［28］马宝娟，张婷婷．大中小学思政课一体化：问题与对策［J］．思想政

治课教学，2020（2）：4-8.

[29] 汤玉华. 大中小学德育课程内容一体化建设思考 [J]. 教育评论，2017（10）：106-109.

[30] 陈淑清. "大思政"观视域下大中小学思政课教材一体化构建 [J]. 思想理论教育导刊，2020（12）：98-101.

[31] 陈亮，熊翠萍. 我国思想政治理论课教材一体化建设的政策演进与未来展望 [J]. 现代教育管理，2021（5）：22-29.

[32] 王治东. 统筹推进大中小学思政课一体化建设的三个维度 [J]. 中国高等教育，2020（1）：10-12.

[33] 熊建生. 思想政治教育内容结构研究导论 [J]. 思想理论教育，2007（Z1）：73-79.

[34] 郑敬斌，王立仁. 德育课程内容改革误区及匡正 [J]. 中国教育学刊，2013（12）：86-89.

[35] 詹万生. 二十一世纪中国德育的大趋势：德育课程体系之建构 [J]. 中国矿业大学学报（社会科学版），2000（3）：109-116.

[36] 詹万生.21世纪中国德育课程体系之建构 [J]. 教育研究，2000（12）：15-19.

[37] 谢峰. 大中小学思政课课程一体化的价值逻辑和实践路径 [J]. 学校党建与思想教育，2020（8）：33-35.